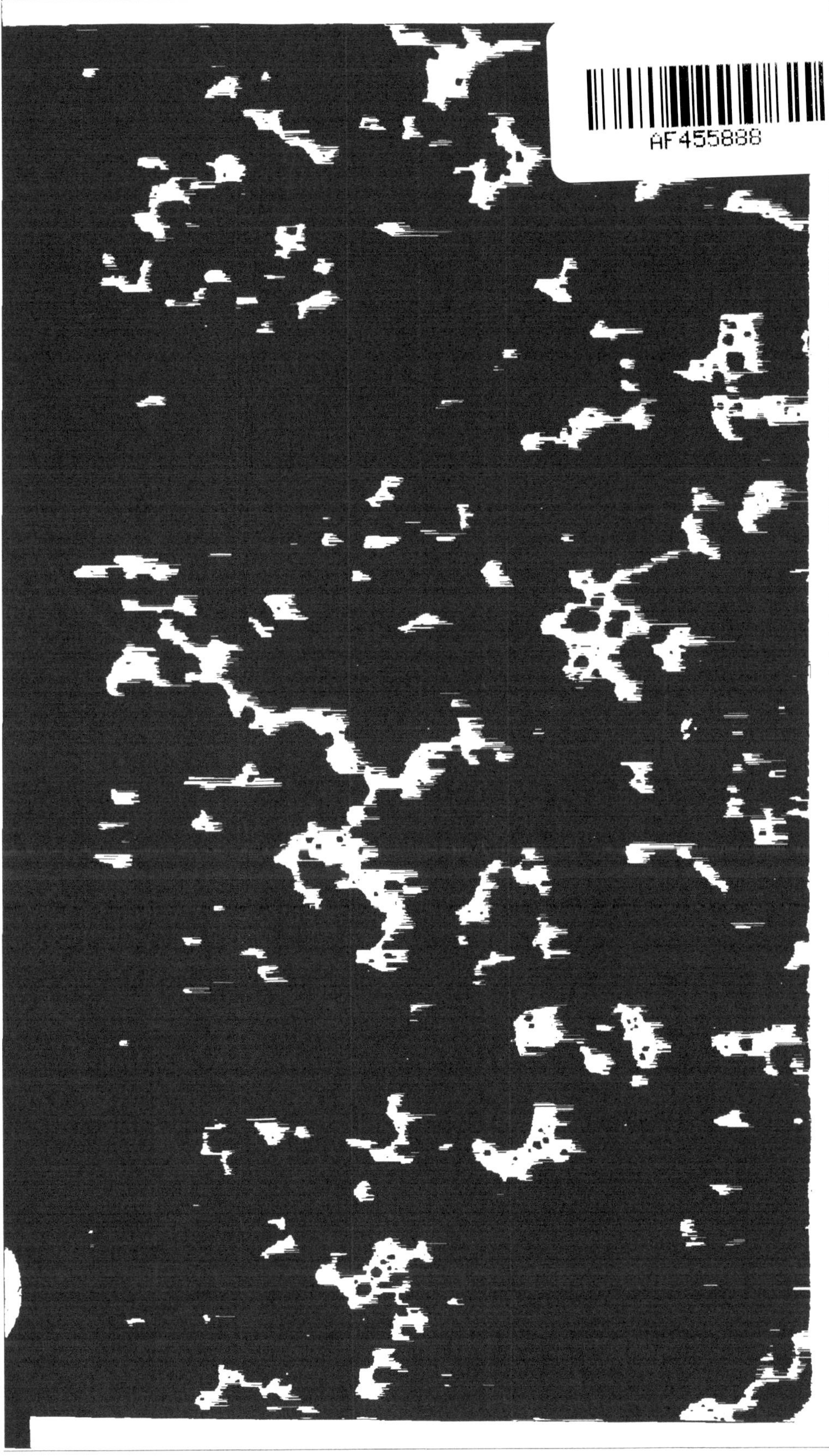

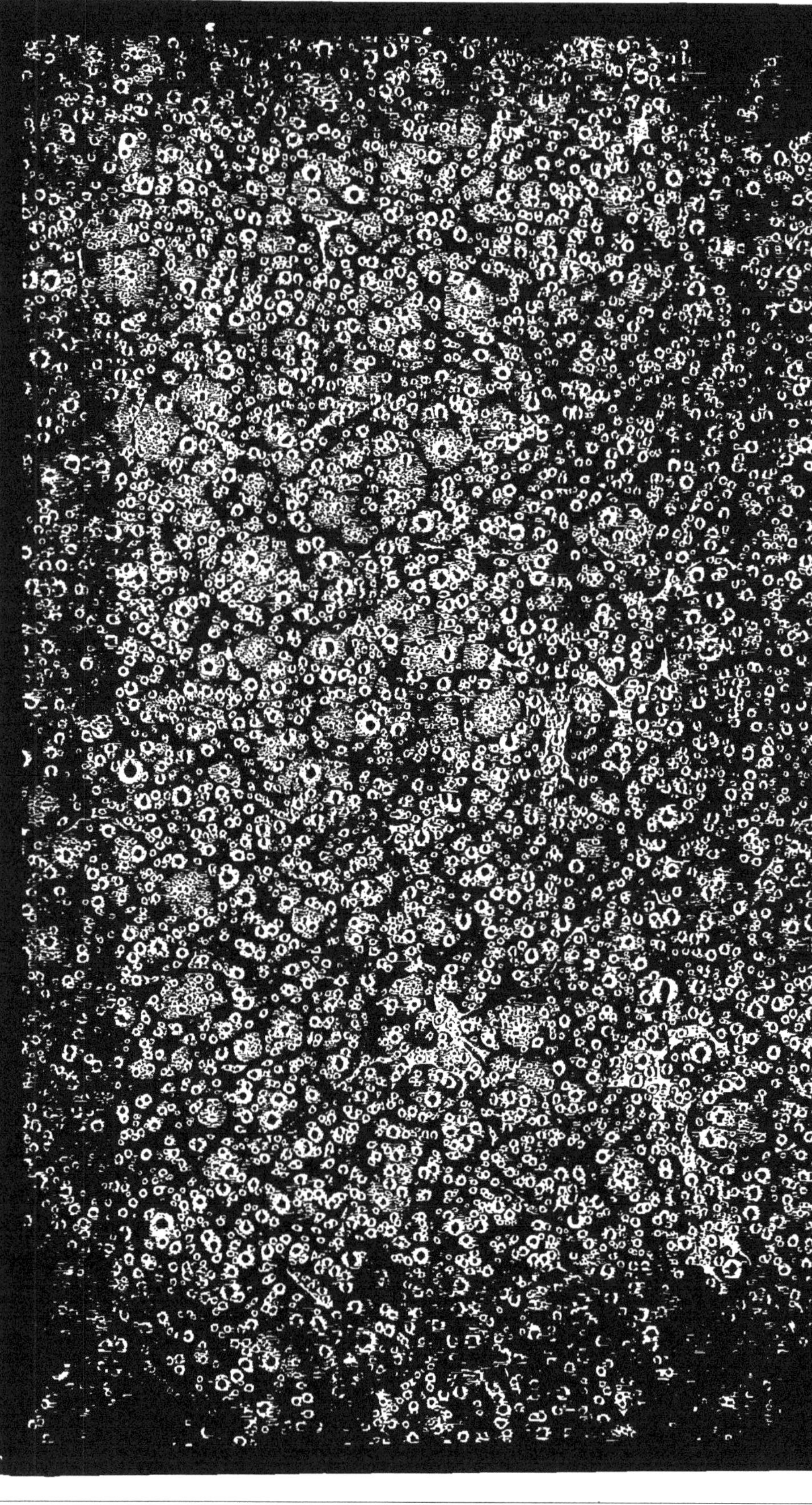

RECHERCHES
SUR LE MÉCANISME
DE LA RESPIRATION
ET SUR
LA CIRCULATION DU SANG.

LIVRES NOUVEAUX

Qui se trouvent chez le même Libraire.

Annuaire médico-chirurgical des hôpitaux et hospices civils de Paris, ou Recueil de Mémoires et Observations par les médecins et chirurgiens de ces établissemens. Paris, 1819, in-4°. et atlas de 15 planches, gr. in-fol. br. . . . . 36 fr.

Barthez. Traité des Maladies goutteuses, nouv. édit. Paris, 1819, 2 vol. in-8°. br. . . . . 12 fr.

Bichat. Anatomie générale, précédée des Recherches physiologiques sur la vie et la mort, nouv. édit., augmentée de notes par Maingault, avec le portrait de l'auteur. Paris, 1818, 2 vol. in-8°. . . . . 12 fr.

Bourdon. Mémoire sur le vomissement, suivi du Rapport fait à la Société de la Faculte de Médecine de Paris, par MM. Mérat et Beclard. Paris, 1819, in-8°. br. . . . . 1 fr. 80 c.

— Essai sur l'influence de la pesanteur sur quelques phénomènes de la vie. Paris, 1819, in-8°. br. 1 fr. 50 c.

Brodie. Traité des maladies des articulations, trad. de l'anglais par Léon Marchant. Paris, 1819, in-8°. br. . . . . 4 fr. 50 c.

D'Aubuisson de Voisins. Traité de géognosie. Paris, 1819, 2 vol. in-8°. fig. br. . . . . 16 fr.

Davy. Elémens de chimie agricole, trad. de l'angl., avec un Traité de l'art de faire le vin et de distiller les eaux-de-vie, par Bulos. Paris, 1819, 2 v. in-8°. fig. br. 12 fr.

Devèze. Traité de la fièvre jaune. Paris, 1820, in-8°. br. . . . . 5 fr.

Lebreton. Recherches sur les causes et le traitement de plusieurs maladies des nouveau-nés. Paris, 1819, in-8°. br. . . . . 1 fr. 80 c.

Lecieux, Renard, Laisné et Ribux. Médecine légale, ou Considérations sur l'infanticide, sur la manière de procéder à l'ouverture des cadavres, spécialement dans les visites judiciaires, sur les érosions ou perforations spontanées de l'estomac, et sur l'ecchymose, la sugillation, la contusion, la meurtrissure. Paris, 1819, in-8°. br. . . . . 4 fr. 50 c.

Moulin. Traité de l'apoplexie, ou hémorrhagie cérébrale, considérations nouvelles sur les hydrocéphales, description d'une hydropisie cérébrale particulière aux vieillards, récemment observée. Paris, 1819, in-8°. br. . . . . 3 fr. 50 c.

RECHERCHES
SUR LE MÉCANISME
DE LA RESPIRATION
ET SUR
LA CIRCULATION DU SANG;

ESSAIS QUI ONT OBTENU UNE MENTION HONORABLE AU CONCOURS DE L'ACADÉMIE DES SCIENCES DE L'INSTITUT ROYAL DE FRANCE.

PAR ISID. BOURDON,

Interne des hôp. civils de Paris, Élève-naturaliste du Gouvernement.

A PARIS,

CHEZ J. B. BAILLIÈRE, Libraire, rue de l'École de Médecine, n° 16.

1820.

A M. LE BARON CUVIER,

Secrétaire perpétuel de l'Académie des Sciences de l'Institut Royal; l'un des quarante de l'Académie française; Conseiller d'État ordinaire; Président de la Commission d'instruction publique; Professeur d'anatomie comparée au Muséum d'histoire naturelle, etc.; Membre des principales Académies de l'Europe.

MONSIEUR LE BARON,

Je me fais gloire de placer votre nom à la tête de cet opuscule. C'était dans l'espérance de le rendre plus digne de vous être offert, que j'ai tenté les chances d'un concours à l'Académie. Satisfait autant qu'honoré de la mention que j'ai obtenue, j'avoue néanmoins qu'un succès plus complet me fût devenu bien précieux, puisqu'il m'eût été permis de vous en faire hommage.

J'ai d'abord hésité, Monsieur, à vous offrir un si faible travail; mais le vif désir de manifester ma reconnaissance s'est fait jour à travers mes scrupules et mes justes appréhensions. J'ai pensé qu'un disciple d'Aristote n'eût pas craint de présenter le fruit de ses jeunes veilles à son illustre maître, et j'ai prié M. Cuvier d'accepter les essais de ma jeunesse.

Daignez agréer, Monsieur le Baron, l'expression du profond respect de votre disciple,

ISID. BOURDON.

Paris, le 20 juin 1820.

AVANT-PROPOS.

L'IDÉE principale de ce travail date de plus de trois ans. J'en ai parlé maintes et maintes fois depuis à mes amis, et à quelques-uns des hommes les plus distingués parmi les médecins et les naturalistes, qui ont été ou qui sont encore mes maîtres. Si l'on ajoute que ces Mémoires ont été déposés au secrétariat de l'Institut dès le mois d'octobre 1819, on se convaincra, j'espère, que les petits extraits publiés sur le même sujet depuis quelques semaines, ne peuvent en aucune manière tirer à conséquence, quelque recommandables d'ailleurs qu'en soient les auteurs.

PREMIER MÉMOIRE.

SUR LE MÉCANISME DE LA RESPIRATION ET DES EFFORTS.

Sans accorder à la respiration plus d'importance qu'à toute autre fonction, on peut observer qu'elle n'existe que pour les animaux les plus parfaits; qu'à la naissance elle commence pour eux une vie nouvelle; que l'étendue des organes qui l'exécutent est toujours dans de justes proportions avec l'énergie de la constitution entière; qu'enfin elle n'éprouve aucune interruption depuis la naissance jusqu'à la mort.

Comme les actes respiratoires sont toujours subordonnés pour leur fréquence aux mouvemens variables du cœur, leur étude est d'un puissant intérêt pour le médecin et pour le philosophe; ils servent à exprimer les maladies et les passions; ils peignent les troubles moraux et physiques ; ils représentent, pour ainsi dire, le balancier de la vie.

C'est au moyen de la respiration qu'on peut apprécier les qualités olfactives des corps, transmettre les idées et la volonté, exprimer les désirs, les sentimens, les besoins. Elle établit une communication intime entre l'âme de celui qui parle et l'âme de celui qui écoute : sans elle, l'homme se verrait réduit à parler aux yeux au moyen des gestes, et l'air cesserait d'être le véhicule de la pensée, comme l'ouïe le sens de l'intelligence.

La respiration est, en outre, le lien des fonctions volontaires et des fonctions sur lesquelles la volonté n'a aucun empire. C'est par son entremise que l'homme peut influencer les unes et les autres; entraver celles du cerveau, modifier et même interrompre l'action du cœur : c'est par elle qu'il peut dans son désespoir, trouver le secret d'une mort volontaire, dans le seul jeu des organes chargés d'entretenir la vie.

Cependant, quoiqu'elle soit soumise à la volonté, et qu'aucun de ses phénomènes ne puisse échapper à l'exploration des sens, la respiration est encore un des points obscurs de la physiologie. On connaît, à la vérité, les relations constantes des poumons avec les cavités de la poitrine : on sait qu'ils se dilatent quand celles-ci s'agrandissent, qu'au contraire ils s'affaissent quand elles se rétrécissent ; que l'air y pénètre dans le premier cas, pour remplir le vide que les muscles inspirateurs y ont produit ; qu'il en est chassé, dans le second, à l'instant où ces derniers organes viennent à cesser leur action, ou dès que les muscles abdominaux commencent d'agir à leur tour. On sait aussi que ces derniers muscles ne participent point aux expirations ordinaires, qui n'exigent pour s'opérer, que le simple relâchement du diaphragme ; tandis que leur action devient indispensable pour les expirations fortes et rapides, avec ou sans bruit ; pour fléchir le tronc, dans les grands mouvemens du corps ; pour comprimer les viscères de l'abdomen, dans les diverses expulsions.

Mais comment ces muscles produisent-ils des effets si nombreux et si variés par des contractions absolument semblables ? Comment sont-ils tour à tour expirateurs, fléchisseurs, et organes d'expulsion ? Comment influencent-ils la circulation veineuse et artérielle ? Comment peuvent-ils colorer subitement la face, et servir ainsi à simuler les grandes passions ? C'est là ce qu'un nuage obscur dérobe encore à nos yeux.

En étudiant avec attention ces divers phénomènes, je me suis aperçu qu'ils ne résultaient de la contraction des muscles abdominaux, que par l'intervention d'un autre organe, dont l'action est toujours en harmonie avec la leur : cet organe, c'est la Glotte.

CHAPITRE PREMIER.

DE LA GLOTTE ET DE SES USAGES.

Au premier examen, la glotte paraît destinée à modifier la colonne d'air qui la traverse, si l'on en juge par sa situation à l'extrémité des voies aériennes, par le grand nombre de muscles qui l'entourent et la meuvent, par la faculté qu'elle a de changer de diamètre à chaque instant, et de le varier presque à l'infini.

Admis par tous les physiologistes pour la production des sons aigus, ce rétrécissement de la glotte n'a été constaté que par Bichat et M. Magendie, qui d'ailleurs n'en ont tiré aucune conséquence relative à la connexion des muscles abdominaux et de la glotte.

Cette ouverture paraît aussi susceptible de se fermer avec exactitude, soit par l'abaissement de l'épiglotte, soit par le rapprochement des cordes vocales et des cartilages arythénoïdes : et c'est sur cette possibilité d'occlusion de la glotte, et par le besoin qu'ils en avaient pour l'explication de quelques phénomènes, que plusieurs physiologistes se sont crus autorisés à l'admettre. Aucun d'eux n'a cherché à constater la réalité de cette occlusion, ni même à découvrir son influence favorable là où l'on croyait l'avoir observée : on s'est contenté seulement de la supposer dans certaines circonstances très-limitées. Sénac, par exemple, admet ce resserrement de la glotte dans l'action de supporter une lourde enclume sur la poitrine (1); Barthez, dans l'action de nager (2); Bichat, dans celle de soulever ou de pousser une masse quelconque (3); beaucoup d'autres l'ont supposée dans le vomissement. Mais ces différens faits, donnés isolément par leurs auteurs, omis ou fidèlement copiés par d'autres, sont restés obscurs et stériles pour tous.

Outre que personne ne s'est encore assuré de l'existence réelle de cette occlusion, on n'a jamais entrevu non plus quel rapport elle pouvait avoir avec l'action des autres organes, ni quels liens sympathiques unissaient la glotte

---

(1) Mémoire sur le Diaphragme et ses fonctions. *Acad. des Sciences*, 1729.

(2) Mécanique animale.

(3) Anatomie descriptive.

aux muscles abdominaux, ni de quelle manière s'opéraient les efforts, ni quel rôle y jouait le diaphragme, ni le temps de la respiration pendant lequel ils avaient lieu.

Il est à remarquer que Bichat, qui fécondait si bien les idées de ses prédécesseurs, et qui transforma souvent en préceptes généraux leurs observations les plus insignifiantes, a pour ainsi dire fait oublier celle de Sénac, par la manière dont il l'a rendue, et surtout par les contradictions dont il l'a entourée en la voulant commenter.

Après avoir avancé sans preuves, comme Sénac, que dans l'effort pour soulever un fardeau la glotte reste fermée, Bichat détruisit tout à coup ce qu'il venait d'avancer en y ajoutant qu'*alors les muscles abdominaux et le diaphragme se contractaient simultanément.* C'était la meilleure preuve qu'il pût donner de son ignorance à ce sujet : car, s'il l'eût aperçue, cette vérité ne serait pas demeurée stérile sous la plume de Bichat; elle aurait du moins retenu l'empreinte de son génie.

Ce fut, j'en suis persuadé, cette contradiction de Bichat relativement à l'occlusion de la glotte, qui engagea les physiologistes, ses successeurs, à n'en point faire mention dans leurs ouvrages (1). Il est probable, en effet, que, consultant Bichat sur les phénomènes respiratoires, ils s'aperçurent aussitôt de la contradiction dont je viens de parler, et qu'ils dûrent faire à ce sujet le raisonnement que voici : « S'il était vrai, comme Sénac et Bichat » l'ont dit, que la glotte se fermât dans l'ef- » fort, comment et pourquoi le diaphragme » s'y contracterait-il? — *Comment;* car la con- » traction du diaphragme a pour résultat con- » stant de produire l'inspiration, à laquelle » l'occlusion de la glotte doit nécessairement » s'opposer. — *Pourquoi;* car la glotte étant » fermée, l'air est retenu dans la poitrine, qui » est maintenue par cela même immobile, et » dont la fixité ne saurait alors être augmentée » par la contraction du diaphragme. »

L'inconséquence de Bichat devenait d'autant plus sensible, qu'après avoir indiqué cette occlusion de la glotte, il ajoutait : *Si*

---

(1) *Voyez* les ouvrages modernes de Physiologie, et les trente premiers volumes du Dictionnaire des Sciences médicales.

l'inspiration continue, la face rougit, l'asphyxie commence, etc. Or, si la glotte est fermée, il est clair que l'inspiration ne saurait avoir lieu; ou que, s'il y a inspiration, la glotte ne saurait être fermée. Ce raisonnement, sans doute, a paru naturel aux physiologistes modernes; et c'est pour s'épargner des contradictions sans nombre qu'ils se sont si rigoureusement gardés de parler de la glotte et de son occlusion. Ils se sont contentés d'admettre que le diaphragme, dans les efforts, se contracte en même temps que les muscles abdominaux; qu'il fixe ainsi la poitrine, suspend la respiration, fait rougir la face : en un mot, tout le mécanisme des efforts, suivant eux, repose sur la seule action du diaphragme, et toutes les difficultés s'évanouissent, parce que tous les phénomènes paraissent expliqués.

Si cette dernière opinion n'est pas l'expression même de la vérité, elle esquive du moins les contradictions de celle de Bichat, et paraît la plus vraisemblable. Je suis persuadé qu'elle paraîtrait telle aux yeux d'une personne qui, pour s'assurer du véritable mécanisme de la respiration, se bornerait à comparer les sentimens des auteurs qui en ont traité.

Au reste, je ne puis m'aider de ma propre expérience à ce sujet, car ce n'est point ainsi que j'ai procédé. J'avais déjà fait toutes mes observations sur les phénomènes respiratoires, que j'ignorais encore ce que la plupart des physiologistes en avaient écrit ou pensé. Un moyen sûr d'éviter bien des erreurs, quand il s'agit d'étudier un point de physique encore inconnu ou resté obscur, ce serait de suivre l'exemple des peintres, de consulter la nature avant de recourir aux esquisses qu'on en a pu faire ; car toute copie ne peut qu'être inférieure à son modèle : les défauts restent, les beautés souvent disparaissent.

Je fus d'abord frappé de la manière prompte et facile dont se suspend la respiration, à l'occasion d'un effort quelconque, c'est-à-dire, toutes les fois que l'action des muscles abdominaux doit être employée à d'autres résultats qu'à l'expulsion de l'air de la poitrine ; soit dans les grands exercices du corps, tels que : le saut, la course, l'action de lutter, de pousser, de soulever, de grimper ou de nager ; soit dans les diverses tentatives d'expulsion : le vomissement, l'accouchement, l'émission des urines.

Je désirai savoir ensuite quel était l'agent de cette suspension ; voici comment je procédai aux recherches nécessaires pour arriver à ce résultat.

En examinant chacun en particulier les organes de la respiration, il me fut facile de m'assurer que le diaphragme, par sa contraction, la glotte, par son resserrement, le voile du palais, par son élévation, étaient seuls capables de retenir l'air dans la poitrine, et de suspendre, par conséquent, les phénomènes respiratoires.

Est-ce le diaphragme qui suspend la respiration?

1°. S'il continuait long-temps d'agir, le diaphragme pourrait avoir cet usage, ainsi que l'ont admis tous les physiologistes. En effet, l'air ne s'étant introduit dans la poitrine qu'à la faveur de la contraction du diaphragme, ce fluide ne peut sortir de cette cavité, tant que l'action qui l'y a appelé persiste.

Mais voici une expérience qui prouve que le diaphragme ne jouit pas d'une action durable : j'ai appliqué sur les ouvertures du nez un morceau de papier très-fin, et assez large pour les fermer exactement; puis, la bouche étant close après une grande inspiration, j'ai fait tous mes efforts pour continuer le plus long-temps qu'il me serait possible de contracter le diaphragme au même degré. J'ai toujours vu dans cette expérience, que le papier, dont j'observais avec soin les moindres mouvemens, restait immobile pendant les vingt ou trente premières secondes; qu'ensuite il proéminait et se déprimait alternativement, ce qui me donnait la mesure exacte des mêmes mouvemens du diaphragme. J'appréciais également les relâchemens de ce dernier muscle, mais seulement ses relâchemens, par la présence d'une glace ou d'une lame d'acier très-polie que ternissait l'humidité de l'haleine, ou par la flamme d'une bougie que la sortie de l'air faisait osciller.

2°. Si la suspension de la respiration était due à la contraction du diaphragme, ceux des animaux qui sont pourvus de cet organe, auraient seuls la faculté de suspendre leur respiration et d'exécuter des efforts.

Or, les oiseaux, chez lesquels ce muscle manque, usent de cette faculté dans l'action de voler et d'expulser leurs œufs. Ils opèrent même d'assez grands efforts pour faire passer l'air retenu dans leur poitrine, dans les prolongemens de l'abdomen et des os (1). Il est donc certain qu'un organe autre que le diaphragme préside, chez ces animaux, à la suspension de la respiration; et ce ne saurait être le voile du palais, puisqu'ils en sont privés comme du diaphragme.

Est-ce le voile du palais qui, chez l'homme, suspend la respiration?

3°. Pour m'éclairer à ce sujet, j'ai interrogé plusieurs personnes que des affections syphilitiques avaient privées du voile du palais; et toutes m'ont assuré, d'une voix nazonnée, que cette destruction n'avait apporté aucun changement dans leurs excrétions. Je les ai engagées à faire des efforts, qu'elles ont exécutés avec autant de précision et de facilité que d'autres individus dont le voile aurait existé.

---

(1) BARTHEZ, *Mécanique animale;*

CUVIER, *Leçons d'anatomie comparée, recueillies et publiées par* C. DUMÉRIL.

4°. Dans l'intention de m'assurer mieux encore de l'usage que remplit le voile du palais chez l'homme, dans les cas ordinaires où la respiration est suspendue, j'exécutai des efforts semblables à ceux qu'on fait pour pousser ou pour soulever un corps : les muscles expirateurs étaient contractés, l'air était exactement retenu dans la poitrine, et la respiration suspendue. Je m'assurai alors, la bouche étant fortement ouverte, qu'il existait une communication libre entre le pharynx et l'air extérieur; et cependant, je ne pus observer aucun changement dans les phénomènes de l'effort : la respiration continuait d'être également suspendue, et la poitrine restait immobile.

Il résultait de ces différentes expériences, que le diaphragme et le voile du palais, deux des trois causes supposées, n'étaient pas ordinairement les agens de cette suspension nécessaire aux divers efforts. J'en aurais pu conclure que la glotte, le dernier des obstacles admis, était l'agent de cette suspension, si l'existence de ces obstacles eux-mêmes eût été préalablement constatée. Mais comme il n'en était pas ainsi, je trouvai plus sage de recourir à des preuves directes et positives, afin d'arriver à une véritable démonstration.

Déterminer si c'est la glotte qui suspend la respiration.

5°. A en juger par son organisation, la glotte est susceptible de se fermer exactement.

6°. Pendant l'effort, quel qu'il soit, on éprouve vers l'endroit du larynx qui répond à la glotte, *un sentiment de pression* qui semble avertir qu'il existe là un obstacle à l'expulsion de l'air renfermé dans les poumons. Si vous portez deux doigts sur les côtés du larynx, vous verrez que cet organe reçoit une légère impulsion de bas en haut.

7°. Si, dans les divers efforts, l'air est alternativement retenu dans la poitrine et expulsé de cette cavité, on sent très-distinctement la glotte se fermer dans le premier cas, et s'entr'ouvrir dans le second : *un petit bruit*, semblable à *une toux à voix basse*, se fait aussi entendre à chacune de ces alternatives.

8°. Outre l'anxiété générale qui résulte du besoin de respirer, on éprouve après chaque effort considérable et prolongé, *un sentiment de lassitude* vers la glotte, comme celui qui succéderait à la contraction de ses muscles.

9°. J'ai voulu m'assurer de cette occlusion de la glotte en découvrant cet organe chez un chien; mais, outre la difficulté de cette opération en elle-même, il est bien difficile aussi de saisir d'une manière précise le temps où ce phénomène existe, puisqu'il ne peut être observé que dans des circonstances assez limitées, que l'observateur ne peut, comme chez lui-même, déterminer à volonté.

Il n'en est pas en effet de l'occlusion de la glotte comme de son rétrécissement : il est toujours facile d'observer celui-ci pendant l'opération même dont le but est de le constater, puisque les douleurs vives dont cette opération est inséparable, provoquent les cris aigus de l'animal opéré.

Il n'y avait que le vomissement auquel je pusse recourir avec avantage, pour donner lieu à cette occlusion qu'il m'importait d'observer. C'est en effet le seul effort que l'on puisse déterminer presque à volonté chez les animaux, en leur donnant de l'émétique à forte dose; et c'est dans cette circonstance que je me suis assuré pour la première fois du phénomène dont il s'agit.

Dix, quinze ou vingt minutes après l'administration de l'émétique, peu de temps après l'apparition des premières nausées, qu'accompagnent des mouvemens spasmodiques des lèvres, des mâchoires, de la langue et du pharynx, je voyais de la manière la plus distincte, la glotte étant à découvert, cette ouverture se fermer exactement à l'instant même où les muscles abdominaux se contractaient avec force.

Je me suis assuré, en outre, que l'épiglotte ne prenait aucune part à cette occlusion.

11°. J'ai désiré constater sur moi-même l'existence de ce phénomène, parce qu'il est plus facile de répéter sur soi un grand nombre de fois l'expérience en produisant à volonté tous les phénomènes de l'effort, et que d'ailleurs il n'existe pas une telle identité entre l'organisation des animaux et celle de l'homme, qu'on puisse rigoureusement conclure de ce qui a été observé chez les uns, à ce qui doit se passer chez l'autre.

Or, il n'existe qu'un moyen d'apprécier sur soi-même l'occlusion de la glotte; c'est d'introduire le doigt index pendant les efforts jusqu'à l'ouverture supérieure du larynx, où l'on distingue aisément l'épiglotte en avant, le sommet des cartilages arythénoïdes en arrière, et, sur les côtés, les replis de la membrane muqueuse.

La difficulté consiste à habituer la membrane muqueuse du pharynx à la présence du doigt. Ce contact chez moi produisit constamment des nausées, suivies dans les premiers temps d'efforts pour vomir. Enfin, l'influence de l'habitude venant à émousser cette susceptibilité excessive de la membrane muqueuse du pharynx, je pus porter l'index de plus en plus loin dans la gorge. Vers le soixante-quinzième jour, l'ayant introduit plus brusquement que de coutume, j'arrivai tout à coup sur la glotte. Aussitôt j'éprouvai de fortes nausées; presque en même temps les muscles abdominaux se contractèrent, et *la glotte se ferma* : en un mot, il y eut un véritable effort de vomissement, mais sans aucun résultat. C'est la première circonstance où j'ai pu constater sur moi cette occlusion de la glotte.

J'ai répété plusieurs fois l'introduction de l'index, pour m'assurer mieux encore que pendant l'effort la glotte reste close. Bientôt la présence du doigt porté dans la gorge avec plus de précaution, n'a plus donné lieu qu'à de faibles nausées faciles à surmonter. J'ai profité de cette disposition favorable pour déterminer les efforts qu'on a l'habitude d'exécuter, soit pour les grands mouvemens du corps, soit pour les expulsions abdominales; et je me suis assuré que le mécanisme en était semblable à celui du vomissement; que dans tous, la glotte se fermait, en même temps que les muscles abdominaux entraient en contraction.

J'ai pu observer en outre que la glotte se resserrait au moyen du rapprochement des cordes vocales et des cartilages arythénoïdes, puisqu'au moment de l'effort je sentais distinctement ces derniers se rapprocher sous mon doigt. Je me suis assuré de plus que l'épiglotte était étrangère à ce phénomène, puisque je pouvais la tenir appuyée sur la base de la langue sans mettre obstacle à l'occlusion de la glotte.

De tous ces faits, je n'ai voulu tirer que la seule conclusion suivante :

La glotte se ferme exactement dans les efforts; c'est-à-dire, toutes les fois que les muscles abdominaux se contractent pour un autre résultat que l'expulsion de l'air de la poitrine.

Mais une conséquence d'un bien plus haut

intérêt, c'est l'espèce de sympathie qui unit entre eux les organes de la respiration, et surtout les muscles abdominaux et la glotte; c'est ce *consensus* d'action à l'aide duquel l'un ajoute aux fonctions des autres tout en paraissant les entraver; c'est cette harmonie admirable qui les fait concourir au même but, non-seulement par des moyens différens, mais par des moyens opposés, et qui se sert de l'association de deux organes pour donner naissance à des phénomènes que dans l'isolement aucun d'eux ne pourrait produire.

CHAPITRE II.

SYNERGIE DE LA GLOTTE ET DES MUSCLES ABDOMINAUX. (1)

Il règne une harmonie constante entre les muscles abdominaux et la glotte : ces organes concourent dans tous les cas à la production des mêmes phénomènes ; ils semblent avoir été formés pour s'aider mutuellement.

S'agit-il d'imprimer à la colonne d'air expirée une rapidité telle, qu'elle doive nécessairement vibrer ou bien entraîner à l'extérieur les mucosités renfermées dans les bronches ? Ce sont les muscles abdominaux et la glotte, qui, chacun à leur manière, concourent à produire ces résultats. Les uns, par leur contraction, communiquent à l'air l'impulsion forte dont il a besoin ; l'autre ajoute encore à la rapidité du fluide expiré en rétrécissant le canal qu'il doit parcourir.

(1) Barthez emploie ce mot de *synergie* pour exprimer l'union de deux organes qui concourent à une même action.

Est-il question d'exécuter de grands mouvemens, ou d'expulser les substances contenues dans l'estomac, la vessie ou la matrice? les muscles expirateurs et la glotte combineront encore leurs actions pour donner naissance à ces différens effets. En même temps que les muscles abdominaux agiront sur les côtes pour rétrécir la poitrine et comprimer les poumons, la glotte se fermera exactement pour retenir l'air dans ces organes, et pour réfléchir sur les viscères de l'abdomen ou sur la colonne vertébrale l'action des muscles expirateurs.

Lorsqu'on veut accélérer l'enfantement, on engage la femme en travail à *pousser en bas;* c'est-à-dire, à garder le silence, à retenir sa respiration ou, en d'autres termes, à fermer la glotte, à s'opposer à l'expulsion de l'air, et à concentrer sur la matrice l'action des muscles abdominaux.

Observez cette personne, qui pendant les efforts garde un profond silence en s'abstenant de respirer; elle développe une puissance énorme, et va bientôt surmonter l'obstacle qu'elle avait à vaincre. Voyez cette autre personne, qui dans la même occurrence crie, chante, parle ou rit; les résultats qu'elle obtient sont à peine sensibles : c'est que la glotte, hermétiquement fermée dans le premier cas, est au contraire entr'ouverte dans le second, et que la puissance des efforts est toujours en raison inverse de l'expiration qui les accompagne.

Il s'établit ainsi une véritable lutte entre les muscles abdominaux et les constricteurs de la glotte; et ces organes, qui sous le rapport de l'expiration sont en opposition manifeste, s'associent pour comprimer les viscères et pour fléchir le tronc : ils deviennent congénères pour ces derniers résultats, par cela même qu'ils sont antagonistes pour l'autre.

Que de changemens surviendraient dans les divers efforts et consécutivement dans la plupart des fonctions, s'il n'existait ni muscles thyro-arythénoïdiens, ni muscle arythénoïdien! c'est-à-dire, si la glotte privée de ses constricteurs, n'était plus susceptible d'occlusion exacte, ni même de rétrécissement variable : c'est alors que les muscles de l'abdomen seraient constamment et exclusivement expirateurs.

Représentez-vous un homme chez qui la

glotte n'existe plus, ou plutôt dont la trachée-artère est ouverte par une large fistule : dès lors, si l'ouverture reste béante, les grands mouvemens, les divers efforts, mais surtout les expulsions ne pourront plus s'opérer; et pour restituer le libre exercice de toutes ces actions, il faudra indispensablement recourir à l'emploi d'un obturateur (1). Eh bien! le fait que je supposais à l'instant et que constate d'ailleurs l'observation de fistules trachéales, des classes entières d'animaux en offrent la preuve vivante et incontestable : je veux parler de ces êtres qui sont privés de la glotte par une organisation primitive.

Si leurs réservoirs eussent été organisés comme les réservoirs des animaux qui ont une glotte, il y aurait eu défaut d'harmonie entre les obstacles qui entravent les expulsions, et les moyens de surmonter ces obstacles : aussi la nature a-t-elle procédé avec plus de sagesse à la distribution et à l'accord des uns et des autres.

---

(1) *Voyez* un exemple de fistule trachéale, rapporté par J. L. PETIT, dans les *Mémoires de l'Académie de Chirurgie*.

Partout où la glotte n'existe point, les expulsions ont été rendues plus faciles : soit par la liquidité des matières à expulser, soit par l'absence ou la faiblesse des sphyncters, soit par la présence d'un cloaque à l'aide duquel les excrémens liquides sont mêlés aux solides. Ainsi les résistances se trouvent naturellement affoiblies, là où ne pouvait être développée la puissance nécessaire pour les vaincre.

Chez les animaux qui ne possèdent ni poumons, ni vaisseaux aériens, ni glotte conséquemment, toutes les expulsions sont faciles, parce que tous les sphincters sont infiniment faibles, et les matières excrétées liquides. Les Reptiles, qui ont une glotte, mais imparfaite; les Oiseaux, chez qui cet organe est plus parfait, mais dont le sphyncter principal est aussi plus prononcé, forment sous ces rapports, comme sous beaucoup d'autres, le passage naturel des Poissons aux Mammifères.

Parmi ces derniers, il en est même plusieurs (les Marsupiaux, mais surtout les *Kanguroos*) dont la glotte n'est que rudimentaire: et j'observe que cette première disposition *coexiste* avec une autre singularité de leurs principaux organes d'expulsion. Leur matrice, étroite, bifurquée, repliée en anses (1), n'a point de col, comme celles de la plupart des mammifères; elle en est absolument dépourvue. De là résulte que le produit de la conception ne peut séjourner dans cette matrice tout le temps nécessaire pour l'accroissement parfait d'un fœtus. Mais voici comment la nature y supplée : lorsque l'embryon est expulsé de l'*uterus*, il se trouve introduit (on ne sait par quel mécanisme) dans une poche particulière située sous le ventre, et par laquelle sont protégées les mamelles. Le petit animal, encore informe, se fixe aux tétines; et il y reste suspendu jusqu'à ce que son accroissement soit assez parfait pour rendre sa sortie sans danger. Il suit de là que les kanguroos sont condamnés, par la seule disposition de leurs organes, à un véritable avortement.

Or, qui ne voit ici une corrélation frappante entre la disposition singulière des organes génitaux et l'état rudimentaire de la glotte? S'il eût existé un col à la matrice de

---

(1) G. Cuvier, *Anatomie comparée*, t. v; Geoffroy-Saint-Hilaire, *Journal complémentaire des sciences médicales* (1819).

ces animaux, qui n'ont pour ainsi dire qu'un simulacre de glotte, leur accouchement ne serait-il pas devenu indispensable et en même temps impossible? *Indispensable*, puisque la présence du col utérin aurait déterminé le séjour prolongé et l'accroissement parfait du fœtus. *Impossible*, ou du moins infiniment lent et pénible, puisque la glotte n'existant point, les muscles de l'abdomen n'auraient pu participer aux efforts expulsifs. Mais toutes ces difficultés disparaissent, et l'harmonie de ces différens organes est conservée, dès lors qu'il n'existe pas de col utérin là où la glotte n'est que rudimentaire.

Qu'on y prenne garde, toutefois : si le col de la matrice ne peut exister chez les animaux dont la glotte est presque anéantie, il ne s'ensuit pas que cette dernière doive manquer nécessairement lorsque l'*uterus* est dépourvu de col : car la glotte, qui sert à d'autres fonctions qu'à celle de l'accouchement, peut par cela même exister indépendamment du col utérin; tandis que, sans elle, la résistance de ce dernier ne pourrait être surmontée.

Jusqu'ici je m'étais contenté d'observer attentivement les relations de la glotte avec les muscles expirateurs ; d'apprécier le véritable *consensus* d'action qui règne entre ces organes et les principaux réservoirs; de noter comme résultat important que les muscles de l'abdomen deviennent expirateurs quand la glotte est ouverte, tandis qu'ils agissent pour comprimer les viscères quand elle est fermée. J'en concluais que, peut-être, les principales expulsions ne pourraient plus s'opérer, si la glotte venait seule à disparaître, la disposition de tous les autres organes n'éprouvant aucun changement : déjà même plusieurs faits d'histoire naturelle semblaient m'autoriser à regarder cette conjecture comme une vérité démontrée. Néanmoins, je préférai à cette marche si rapide, et surtout si attrayante, la marche plus lente, mais plus sûre de l'observation, afin d'obtenir des preuves plus directes et plus certaines.

Voici les expériences que j'ai faites dans cette intention :

S'il est vrai, me suis-je dit, que ce soit l'occlusion de la glotte qui suspende la respiration, et qui réfléchisse sur les viscères l'action des muscles abdominaux, il devra suffire pour entraver les efforts, de tenir cette ouverture continuellement béante. Dans ce but, je m'introduisis dans le larynx une petite canule de gomme élastique. L'introduction faite, non-seulement il me fut impossible de produire la voix, de crier et de tousser; mais il en fut de même pour les tentatives d'expulsion. Vainement essayai-je à diverses reprises de suspendre la respiration et de faire des efforts; dès que les muscles de l'abdomen entraient en contraction, les côtes étaient abaissées, l'air était évacué, et les viscères se trouvaient à peine comprimés : toute l'action des muscles abdominaux et des extenseurs du tronc s'évanouissait en produisant l'expiration.

Je bouchai ensuite la canule après avoir fait une grande inspiration, et je pus, comme auparavant, suspendre la respiration, comprimer les viscères, mouvoir le tronc, faire rougir la face; en un mot, déterminer tous les phénomènes des efforts.

Je laissai de nouveau la canule béante, et de nouveau les efforts devinrent impossibles; l'action des muscles abdominaux ne produisit plus que l'expiration.

De ces expériences, je crus pouvoir tirer les conclusions suivantes :

1°. C'est la glotte qui suspend la respiration dans les efforts, en s'opposant par son occlusion, à la sortie de l'air contenu dans les poumons;

2°. Sans la glotte, l'action des muscles abdominaux serait constamment employée à produire l'expiration : la compression des viscères ni la flexion du tronc ne pourraient plus être produites;

3°. Il existe un véritable *consensus* d'action entre la glotte et les muscles abdominaux, et, par suite, entre le premier de ces organes et les différens réservoirs : la vessie, le rectum, l'estomac, la matrice;

4°. La glotte ne borne point son rôle à la production de la voix; mais, à l'aide des connexions sympathiques qui l'unissent aux muscles abdominaux, chargés de concourir, sinon de présider à d'importantes fonctions, elle exerce la plus grande influence sur ces fonctions elles-mêmes;

5°. Enfin, dans les différens efforts il y a tendance à l'expiration, à la production de laquelle l'occlusion de la glotte met obstacle.

Or, établir qu'il y a tendance à l'expiration pendant les efforts, et que la respiration ne peut être suspendue qu'à l'aide de l'occlusion de la glotte, n'est-ce pas doublement prouver que le diaphragme alors n'agit pas?

CHAPITRE III.

DE L'ÉTAT PASSIF DU DIAPHRAGME DANS LES EFFORTS.

Le diaphragme est-il réellement passif dans les efforts, ou bien y remplit-il l'usage important que les physiologistes lui ont unanimement attribué? J'ai déjà cité plusieurs faits à l'appui de la première opinion; peut-être même paraissent-ils tout-à-fait concluans : mais, comme on est généralement convaincu de la justesse de l'opinion contraire, j'ai cru devoir, pour la détruire, rapporter de nouvelles preuves que voici :

1°. La certitude où l'on est que les muscles de l'abdomen agissent dans les efforts, fournit une première preuve de l'état passif du diaphragme dans les mêmes circonstances; car, admettre comme possible l'action combinée de ces organes, c'est concevoir la simultanéité de l'inspiration et de l'expiration, ce qui est évidemment impossible.

2°. Si le diaphragme était actif dans les efforts, c'est pendant l'inspiration, comme le croyait Bichat, que ceux-ci seraient produits; or, c'est ce qui n'a point lieu. Il y a toujours, dans les efforts, ou expiration incomplète, ou seulement tendance à l'expiration, conjonctures où le diaphragme est nécessairement passif.

Il est un cas, toutefois, où le diaphragme peut participer à l'effort, où celui-ci peut s'opérer pendant l'inspiration : c'est lorsque les muscles abdominaux se contractent à l'instant même où l'inspiration commence : mais ce mécanisme n'a jamais lieu dans les cas ordinaires; l'expérience seule le produit. C'était à ce procédé, sans doute, que recourait M. Araldi de Milan, lorsqu'il assurait que les expulsions s'opéraient toujours pendant l'inspiration. Ce mécanisme, au reste, pourrait être avantageusement employé dans les inflammations de poitrine et dans les hémoptysies, et toutes les fois que la compression des poumons est à craindre.

3°. Lorsque le diaphragme se contracte, il descend vers l'abdomen en déterminant l'expansion des poumons, dans lesquels l'air extérieur se précipite aussitôt. J'aurai donc prouvé que cet organe est passif dans les efforts, si j'établis qu'alors les poumons sont comprimés, et que l'air met tout en usage pour en sortir.

Or, ne voit-on pas les hernies des poumons se former et s'accroître dans les différens efforts? N'observe-t-on pas aussi, toutes les fois qu'une plèvre malade communique à l'extérieur, que le liquide épanché dans cette membrane s'écoule avec plus de rapidité pendant la toux, et lorsqu'on suspend la respiration? Bien plus, cette compression est quelquefois assez forte pour produire des hémoptysies en rupturant le tissu des poumons. Dans d'autres cas, l'air s'échappe des vésicules qui le tenaient emprisonné, et passe de là dans le tissu cellulaire extérieur, où il forme un emphysème d'une étendue variable (1).

N'est-ce pas encore sous la même influence qu'on voit le cou se gonfler chez les animaux dont le larynx est pourvu de prolongemens

---

(1) Voyez les *Mémoires de l'Académie de Chirurgie* (Louis).

membraneux et extensibles (1)? Et n'observerait-on pas des dilatations semblables chez l'homme, si son larynx offrait de pareils appendices? Enfin (et je l'ai déjà prouvé), la respiration ne peut plus être suspendue lorsqu'il existe une fistule à la trachée-artère ou au larynx, parce que aussitôt que les muscles abdominaux se contractent, l'air passe et s'évacue par l'ouverture fistuleuse. Puisqu'il est certain qu'aucun de ces faits ne pourrait avoir lieu si le diaphragme était contracté, la conséquence est facile à déduire.

4°. Voici une expérience à l'aide de laquelle on peut rendre sensible, et pour ainsi dire calculable, l'état passif du diaphragme, la tendance à l'expiration et la compression des poumons dans les différens efforts, dans ceux même où la respiration est entièrement suspendue.

Entr'ouvrez doucement la glotte après avoir fermé la bouche et élevé le voile du palais (afin de mettre obstacle à l'évacuation de l'air préalablement inspiré); puis contractez les

---

(1) Les grenouilles, plusieurs singes, etc. *Voyez* Cuvier, *Anatomie comparée*, t. vi.

muscles abdominaux, comme si vous vouliez faire un effort en suspendant la respiration : vous verrez l'air chassé des poumons par cette contraction, franchir rapidement la glotte entr'ouverte, pénétrer dans la bouche qu'il remplira aussitôt, et dont il fera proéminer les parois mobiles. Celles-ci, après s'être laissé distendre par le fluide expiré, lui résisteront et s'opposeront à son émission, comme le fait la glotte dans les cas ordinaires. L'effort est-il porté plus loin : l'action des muscles expirateurs sera employée à comprimer les viscères de l'abdomen, et les poumons, et les vaisseaux aériens, et l'air qui remplit ces derniers ; la face rougira, et tous les autres phénomènes de l'effort se succéderont dans l'ordre qui leur est naturel. L'air s'introduit dans le conduit de Sténon qu'il parcourt, parvient quelquefois jusqu'aux petits vaisseaux qui donnent naissance à ce conduit, et même dans le tissu de la glande parotide, où il manifeste sa présence par un emphysème local.

Or, *cette saillie des joues donne la mesure du relâchement du diaphragme, et de la quantité dont il est repoussé vers la poitrine.*

La résistance à l'expiration peut encore être

transportée aux ailes du nez ; seulement, on a l'attention d'abaisser le voile du palais pour favoriser l'introduction de l'air dans les narines, dont on ferme exactement les ouvertures antérieures. Si l'on fait alors quelque effort, les ailes du nez se distendent et font saillie, comme les joues dans l'expérience précédente, comme les sacs membraneux chez les animaux dont le larynx en est pourvu, ou comme une vessie adaptée à l'extrémité libre d'une canule dont l'autre extrémité serait introduite dans le larynx. Le fluide pénètre bientôt (par la trompe d'Eustache) dans l'oreille moyenne, où il produit un bruit particulier en distendant la membrane du tympan (1). Il s'introduit en même temps dans le canal nasal, d'où il sort par les conduits lacrymaux en faisant jaillir des larmes. (2)

---

(1) C'est dans cette circonstance, que l'on voit passer de la fumée par l'oreille de ceux dont la membrane du tympan est détruite. Ce fait seul, si on lui eût donné l'attention qu'il mérite, aurait appris que les divers efforts s'exécutent pendant l'expiration et que le diaphragme est alors passif.

(2) La connaissance de ces faits peut trouver des applications utiles au diagnostic et au traitement de plu-

En prolongeant ainsi le conduit aérien par des procédés différens, soit en fermant la bouche et les narines après avoir entr'ouvert la glotte, soit en plaçant une poche extensible à l'extrémité libre d'un tube introduit dans la trachée-artère, on peut s'assurer de ce qui se passe ordinairement dans les efforts, cas où la situation du larynx, sa structure et l'épaisseur de ses parois, couvrent d'un voile épais les fonctions dont cet organe est l'agent.

Ces expériences, quoique infiniment simples, suffiraient seules pour établir la vérité des propositions suivantes :

1°. *Le diaphragme est passif dans les efforts, dans ceux même où la respiration est entièrement suspendue ;*

2°. *La suspension de la respiration est par conséquent indépendante de toute action de ce même organe.*

Ces considérations rétrécissent beaucoup le champ d'activité du diaphragme. Ce n'est plus

---

sieurs maladies de l'oreille moyenne, de la trompe d'Eustache et des voies lacrymales. — Voyez un *Mémoire de* Louis *sur la fistule lacrymale*, parmi ceux de l'*Académie de Chirurgie.*

cet organe tout-puissant que Buffon et Bordeu, Haller et Dumas et même Bichat, nous habituèrent si long-temps à considérer comme le souverain moteur des fonctions vitales. Si ces auteurs exagérèrent ainsi l'influence du diaphragme, c'est qu'ils lui attribuèrent beaucoup d'effets dont les causes étaient absolument inconnues. Mais aujourd'hui, que quelque jour commence à se répandre sur ces phénomènes, il est essentiel de les restituer aux organes qui les produisent, à mesure qu'on acquiert à leur sujet des données plus certaines.

Au reste, quoique privé de l'action qu'on lui avait attribuée dans les efforts, pour suspendre la respiration, pour favoriser les grands mouvemens du corps, pour présider aux diverses expulsions, pour entraver même la circulation pulmonaire; quoique la plupart des fonctions et des sympathies dont on l'a gratifié appartiennent à la glotte ou aux muscles abdominaux, le diaphragme joue cependant un assez beau rôle encore dans les phénomènes de la vie, puisqu'il préside à l'inspiration. Son action, il est vrai, n'intervient jamais, ni dans les divers efforts, ni dans la production de la voix, ni dans les autres phénomènes d'expiration; mais elle les précède toujours. C'est par elle que l'enfant né diffère de l'enfant à naître, et que commence la vie individuelle ou indépendante; et ce qu'on appelle le dernier soupir n'est que la fin de cette action.

Mais s'il est vrai, comme il n'est plus permis, je crois, d'en douter à présent, que le diaphragme soit passif dans les efforts, comment ces derniers peuvent-ils donc s'opérer? et quels organes exercent les fonctions à lui seul attribuées jusqu'à ce jour?

C'est là ce que je me propose d'exposer dans le chapitre suivant, et qu'à la rigueur on pourrait presque déduire de tous les faits qui précèdent.

CHAPITRE IV.

DES EFFORTS EN GÉNÉRAL.

I. Mécanisme des efforts.

Contraction du diaphragme pour appeler l'air dans la poitrine, action des muscles abdominaux pour l'en chasser, occlusion de la glotte pour l'y retenir : voilà ce qui arrive dans tous les efforts. Rendre la poitrine immobile, amortir les commotions des chutes et du saut, employer l'action des muscles expirateurs à d'autres usages qu'à l'expiration : voilà les principaux avantages d'un pareil mécanisme.

II. Action des muscles abdominaux dans les efforts.

Ce sont les muscles abdominaux qui agissent le plus constamment dans les efforts: tantôt pour fléchir l'une sur l'autre les deux moitiés verticales du tronc, tantôt pour comprimer les viscères renfermés dans l'abdomen, d'autres fois pour fixer solidement les côtes, et pour rendre plus puissans les muscles qui s'y insèrent. Ils exercent aussi leur action sur le diaphragme devenu passif, et sur les poumons, et sur les vaisseaux aériens, et sur la glotte elle-même.

III. État et usages de la glotte dans les efforts.

Sans ce dernier organe, les muscles de l'abdomen n'auraient qu'un usage, ce serait de produire l'expiration. Par son entremise, au contraire, ils agissent sur le tronc pour le fléchir, sur les viscères pour les comprimer. Dans tous ces cas, la glotte devient réellement le *point d'appui* des muscles abdominaux. De là résulte (ce dont je me suis plusieurs fois assuré) que la section des nerfs laryngés supérieurs rend sensiblement plus difficiles les diverses expulsions.

Ce point d'appui représenté par la glotte peut être transporté à l'extrémité du tube aérien sans entraver les efforts, sans affaiblir l'action des muscles de l'abdomen. On pourrait sans difficulté le transférer aux joues et aux ailes du nez. Voilà même ce que font naturellement plusieurs mammifères nageurs (les *phoques*, par exemple), dont la glotte eût été peu favorablement disposée pour retenir l'air dans les poumons et pour suspendre la respiration.

Beaucoup de *chauve-souris* offrent une disposition analogue : ne possédant pas d'organes aussi propres au vol que les oiseaux, et ne jouissant point comme eux de l'heureuse faculté de surmonter la résistance de l'atmosphère, ces animaux ne pouvaient corriger les vices apparens de leur organisation qu'en incarcérant de l'air dans leurs poumons, qu'en se rendant spécifiquement plus légers. Mais comme leur glotte eût été trop imparfaite pour remplir cet usage, leurs narines sont devenues susceptibles de se fermer avec exactitude, et de s'opposer ainsi à l'évacuation de l'air antérieurement inspiré.

Il en est même plusieurs (les *mégadermes* et les *phyllostômes*) dont le museau est surmonté de larges membranes qui paraissent destinées à fermer hermétiquement les narines, et à suppléer autant qu'il est possible à l'imperfection de la glotte. J'ai l'intention, au reste, de m'assurer par l'expérience de la réalité de ce dernier fait, qui jusqu'à présent n'est encore que probable. Si cette membrane remplit réellement l'usage que sa situation me fait lui attribuer, il suffira de la détruire pour rendre le vol et les efforts impossibles, ou du moins infiniment difficiles chez les animaux qui la portent. Je passe maintenant au diaphragme.

IV. État du diaphragme pendant les efforts.

Il est prouvé par ce qui précède que cet organe est passif dans les efforts; qu'après avoir produit l'inspiration qui les doit toujours précéder, il se relâche et se laisse repousser vers les poumons contre lesquels il s'appuie; qu'il remonterait même d'une manière plus sensible encore, si la glotte, exactement close, ne mettait obstacle à la sortie de l'air.

Mais, quoique le diaphragme soit alors inactif, il est loin cependant d'être inutile dans les efforts, dans ceux surtout qui ont les expulsions pour objet; car, 1°. en descendant vers l'abdomen, il en a refoulé les viscères, il a préparé leur compression; 2°. par la même action, il a repoussé les muscles abdominaux loin de l'axe de la cavité qu'ils entourent; il a augmenté la courbure de leurs fibres, et rendu par cela même plus puissante l'action que ces muscles doivent développer. De là résulte que le diaphragme est bien réellement passif dans le moment où les efforts s'opèrent, mais qu'il prélude à ces derniers par l'inspiration qui les précède. Aussi remarque-t-on que la section des nerfs phréniques a pour effet de rendre les expulsions plus difficiles, et que les efforts sont d'autant plus considérables que l'inspiration qui les précède est elle-même plus profonde.

V. Résultats des efforts relativement aux viscères de l'abdomen.

Comprimés entre les muscles abdominaux contractés et le diaphragme devenu passif, les organes du ventre se trouvent dirigés vers les parois de la cavité qui les renferme; ils cherchent à s'en échapper par les endroits les plus faibles : de là les hernies.

En même temps, les viscères eux-mêmes se réduisent à un moindre volume s'ils en sont susceptibles : s'ils sont creux, par exemple, leur cavité se rétrécit, et les matières qu'elle contient font effort pour en sortir : de là les expulsions.

Théorie des expulsions.

Si la glotte persiste à rester close, elle devient le point d'appui où aboutissent finalement les efforts. Quant à la *résistance*, elle varie suivant l'expulsion qui s'opère; elle est au cardia dans le vomissement, au col de l'*uterus* dans l'accouchement, au col de la vessie dans l'émission des urines, aux anneaux de l'abdomen dans la formation des hernies.

La facilité des expulsions est en raison directe de l'étendue de l'inspiration qui a précédé l'effort, de la force contractile des muscles abdominaux, de l'action spéciale de l'organe dans lequel sont contenues les matières à expulser, du volume et de la liquidité de celles-ci, enfin, du degré d'occlusion de la glotte et de la faiblesse des sphyncters. Dès qu'un point quelconque a cédé et qu'une expulsion s'opère, la compression générale diminue dans la proportion de l'effet produit.

Tel est le mécanisme des expulsions et de tous les efforts, lorsque la glotte reste exactement fermée; mais l'existence de cette occlusion n'est pas aussi constante que je l'ai supposé. Assez souvent la glotte s'entr'ouvre dans le moment de l'effort; alors, l'air renfermé dans les poumons se trouve évacué, et l'*action des muscles abdominaux est diminuée en raison directe de l'expiration qui s'est faite.*

Lorsque la glotte reste entr'ouverte pendant les efforts, l'action des muscles abdominaux se trouve employée à produire deux ordres de phénomènes très-différens; les uns sont dus à la compression des poumons; les autres résultent de la compression des viscères de l'abdomen. C'est alors qu'on observe en même temps : le rire et l'émission des urines; des vomissemens et des hernies; ou bien l'expulsion du fœtus avec des cris, et quelquefois même avec la rupture du muscle diaphragme (1). Ainsi, les résultats de l'effort sont toujours complexes lorsque la glotte est ouverte: on conçoit au contraire qu'ils doivent être simples dans les deux cas que voici: lorsque la glotte est exactement fermée, et lorsqu'elle présente une ouverture assez large pour employer à l'évacuation de l'air toute l'action des muscles de l'abdomen. Dans le premier cas, ces muscles sont des agens d'expulsion; dans l'autre, ils sont exclusivement expirateurs.

---

(1) *Voyez* l'article *Diaphragme*, du Dictionnaire des Sciences médicales (par M. le baron Percy).

VI. Moyen d'apprécier l'action des viscères et des muscles de l'abdomen dans les diverses expulsions.

Pour paralyser les muscles abdominaux relativement à la compression des viscères, il n'est donc pas indispensable de couper la moelle épinière ou les nerfs qui donnent le mouvement à ces muscles. On peut donc aussi se dispenser de *détruire ces organes*, comme l'ont cru devoir faire les expérimentateurs qui voulaient en apprécier la puissance par voie négative; mais il suffira de *détruïre la glotte*, *ou de faire à la trachée-artère une ouverture assez large pour qu'elle livre passage à autant d'air que les muscles de l'abdomen sont capables d'en expulser à la fois.*

Ces muscles, devenus par ce moyen exclusivement *expirateurs*, n'exerceront plus alors aucune action sur les viscères abdominaux; ils seront paralysés par rapport à ces viscères, lesquels par conséquent se trouveront abandonnés à eux-mêmes pour les expulsions qu'ils sont chargés de produire. Ouvrir la trachée-artère est donc un excellent moyen pour mesurer comparativement l'action des muscles et des viscères de l'abdomen dans les diverses expulsions; de ces muscles et de l'estomac, pour le vomissement; de l'uterus, pour l'accouchement; de la vessie, pour l'émission des urines. La trachée-artère une fois ouverte, si l'estomac est passif dans le vomissement, celui-ci ne pourra plus être produit; s'il n'y fait que concourir, le même phénomène sera rendu difficile. Si la matrice, abandonnée à ses propres forces, n'est pas capable d'opérer l'accouchement, il suffira d'une ouverture à la trachée-artère pour mettre obstacle à cette fonction. On pourra *empêcher* ainsi les animaux *de mettre bas;* on verra quels changemens éprouveraient les organes et les fonctions des jeunes animaux, dans le cas où leur séjour dans l'uterus se trouverait prolongé bien au delà du terme naturel de l'accouchement.

Bien plus, si cette opération n'avait pas l'inconvénient réel d'entraver à la fois toutes les expulsions, on pourrait même rendre vivipares des animaux naturellement ovipares : peut-être forcerait-on l'*autruche* à engendrer dans nos climats. En s'opposant à l'expulsion de ses œufs, on lui ferait, pour ainsi dire, opérer intérieurement l'incubation, genre de fonction dont il ne s'acquitte pas comme les autres oiseaux, et à laquelle la chaleur du soleil supplée dans les lieux d'où cet animal est originaire.

On pourrait aussi s'opposer au *vol* des oiseaux, si leur glotte supérieure était seule susceptible d'occlusion. On entraverait le nager des mammifères, le saut et tous les grands mouvemens du corps.

Le défaut de temps, et d'autres motifs encore, ne m'ont permis de faire ces expériences que pour un petit nombre de phénomènes. Je les ai faites pour le vomissement, pour le saut et le nager : je ne dois donner ici que le précis de ces expériences.

Expériences sur le Vomissement.

J'ai fait prendre de l'émétique à des chiens jeunes et fortement constitués : au bout de dix minutes ou d'un quart d'heure environ ils éprouvaient des envies de vomir, et faisaient, pour les satisfaire, des efforts violens. Dès les premières secousses, ils rejetaient une grande partie des matières contenues dans l'estomac : après trois ou quatre efforts, au plus, tout se trouvait évacué. Voilà ce qui arrive dans les cas ordinaires.

J'ai ensuite donné de l'émétique à un chien très-vigoureux. J'avais eu soin auparavant de pratiquer à sa trachée-artère une assez large ouverture, qu'une canule solidement fixée maintenait béante. L'animal a fait, au bout de quelques instans, douze ou quinze efforts successifs et absolument inutiles pour vomir. C'était en vain qu'il essayait de retenir sa respiration; l'air se trouvait toujours rapidement expulsé aussitôt que l'inspiration était terminée.

Je fus frappé de l'état dans lequel se trouvait alors cet animal; de ses efforts tant de fois et toujours si inutilement répétés, de son anxiété vive et toujours croissante, de ses mouvemens continuels et sans but. C'était la première application que je faisais de la loi générale que je croyais avoir trouvée. Je voyais dans cette expérience la confirmation de celle de M. Magendie; peut-être même, je l'avouerai, me semblait-elle plus simple, moins barbare, mieux appuyée sur les lois de la vie, en un mot, plus essentiellement physiologique. Je me hâtais d'en conclure que *d'ordinaire l'estomac n'agit pas dans le vomissement*; mais tout à coup le malheureux animal recommença, avec plus de force que jamais, ses premières tentatives : sa respiration était plus fréquente et plus saccadée; il éprouvait des tremblemens dans toutes les parties du corps : enfin, il rendit en plusieurs fois, et pendant des efforts constamment accompagnés d'expirations, tout ce que renfermait son estomac. J'eus soin de m'assurer ensuite que cet organe ne contenait plus que quelques mucosités filantes, et que sa membrane muqueuse avait conservé sa couleur naturelle.

Je répétai cette expérience à diverses reprises, sur plusieurs animaux de la même espèce : obtenant toujours des résultats semblables, je me vis enfin tenté d'en tirer des *conclusions opposées* à celles que j'en avais d'abord trop précipitamment déduites. Je m'arrêtai surtout à cette conséquence, que *les muscles abdominaux concourent puissamment à l'espèce de vomissement qui s'effectue avec rapidité; mais que, privé du secours de ces muscles, l'estomac paraît capable d'évacuer par sa seule action, tout ce que sa cavité renferme.* (1)

---

(1) C'est après avoir fait et maintes fois répété cette expérience (au mois de mai 1818), que je saisis l'occa-

Expériences relatives au Nager.

J'ai pris un chien qui nageait assez bien; j'ai introduit et fixé une très-longue canule dans une ouverture pratiquée à sa trachée-artère: cette canule était garnie d'un morceau de cuir qui devait garantir la plaie du contact du liquide. J'ai mis l'animal à la nage, à peu près au milieu d'une grande pièce d'eau :

---

sion qui s'offrit alors, d'étudier d'une manière spéciale le mécanisme du vomissement. J'eus d'abord l'intention d'insérer ces recherches détachées dans le travail que je publie aujourd'hui; mais je vis bien ensuite que cet épisode trop long, ferait infailliblement perdre de vue l'objet principal; et voilà pourquoi j'ai publié à part quelques remarques sur le vomissement.

Or si vous rapprochez des faits précédens ceux que le *Mémoire sur le Vomissement* renferme, vous obtiendrez les résultats que voici :

1°. Action des muscles abdominaux sans le concours de l'estomac : Vomissemens rapides, mais toujours incomplets.

2°. Action de l'estomac, privé du secours des muscles de l'abdomen : Vomissemens lents et tardifs, mais toujours complets.

3°. Dans les cas les plus ordinaires : Vomissemens *rapides* et *complets*. Tirez la conséquence.

aussitôt il est allé au fond, malgré tous les efforts qu'il a faits pour se soutenir à la surface; et ce n'est qu'en marchant qu'il est enfin parvenu à regagner le bord du bassin. Il est même probable que cet animal se serait noyé, si la canule n'eût pas été assez longue pour faire communiquer sans interruption les poumons avec l'air extérieur.

Expériences relatives au Saut.

Un chien pouvait franchir avec promptitude un fossé rempli d'eau et large de trois pieds et demi. Je mis à nu sa trachée-artère sans l'ouvrir : l'animal sauta le fossé aussi lestement qu'avant l'opération, pour obéir à son maître, qui l'appelait sur le bord opposé.

J'ouvris ensuite la trachée-artère; j'introduisis une canule dans l'ouverture, afin de la tenir béante; puis j'abandonnai l'animal à lui-même et à l'impatience d'obéir à la voix de son maître. Il fit tous ses efforts pour sauter; mais, cette fois, il tomba au milieu du même fossé qu'il franchissait sans beaucoup de difficulté avant que la trachée eût été ouverte.

Reste à faire des expériences analogues sur *l'accouchement*, sur *le vol*, etc.

Voici quelles sont les principales Conclusions de ce Mémoire :

I. Il existe une parfaite harmonie (je pourrais dire une sympathie) entre tous les agens de la respiration, mais spécialement entre les muscles abdominaux et la glotte ;

II. Il règne une harmonie semblable entre la glotte et les différens organes d'expulsion..... Le développement des sphincters est généralement proportionnel à celui des cordes vocales ;

III. La Glotte se ferme avec plus ou moins d'exactitude toutes les fois que les muscles de l'abdomen doivent servir à d'autres résultats qu'à l'expiration : quand ils produisent les expulsions, quand ils concourent aux divers efforts ;

IV. Le Diaphragme est entièrement passif pendant les efforts ordinaires ; il ne participe à ces derniers que par l'inspiration qui les précède.... Il est étranger à la suspension de la respiration ;

V. En faisant une large ouverture à la trachée-artère, on paralyse les muscles abdominaux par rapport à la compression des viscères : on les rend exclusivement expirateurs..... Je me suis servi de ce moyen pour mesurer l'action isolée des organes d'expulsion, etc.

DEUXIÈME MÉMOIRE.

DE L'INFLUENCE

DES

ORGANES EXPIRATEURS

SUR

LA CIRCULATION DU SANG.

PRÉFACE.

Ce dernier Mémoire faisait d'abord partie du précédent, auquel il se trouvait assez naturellement lié par les remarques suivantes :

Les organes de la poitrine, le cœur, les gros vaisseaux et les poumons se trouvent comprimés dans les efforts aussi-bien que les organes de l'abdomen, puisque le diaphragme devenu passif, se laisse docilement repousser vers les parties au-dessous desquelles il est situé. Je n'ai le dessein de m'occuper des effets de cette compression que pour ce qui concerne les poumons, ceux des organes pectoraux que la délicatesse de leur tissu rend le plus susceptibles de céder aux pressions extérieures.

Indépendamment des preuves déjà citées dans le premier Mémoire, on peut constater la réalité de cette compression, en portant la main à la partie inférieure du cou, précisément à l'endroit où les muscles sterno-mastoïdiens commencent à s'écarter l'un de l'autre. On sent alors les poumons faire effort contre les tissus voisins.

Il est donc évident que la puissance développée par les muscles abdominaux, se trouve également répartie entre les viscères des deux principales cavités. Voilà pourquoi le même effort a souvent déterminé une expulsion abdominale en même temps qu'une hémorrhagie des poumons; pourquoi les vomitifs sont quelquefois employés par des médecins plus ou moins inconsidérés, pour chasser des corps étrangers engagés dans la trachée-artère, pour rupturer de prétendues vomiques, pour vider même les cavernes des poumons de la matière tuberculeuse qu'elles contiennent.

Mais il est un autre ordre de phénomènes qui résultent de la compression des poumons : c'est de ceux-là que je veux parler.

DEUXIÈME MÉMOIRE.

DE L'INFLUENCE DES ORGANES EXPIRATEURS SUR LA CIRCULATION DU SANG.

La respiration exerce-t-elle une influence directe ou mécanique sur la circulation veineuse et capillaire? Ce problème assez simple, proposé aux physiologistes les plus célèbres, est résolu par eux dans des sens bien différens et même opposés. Haller pense que les vaisseaux des poumons, repliés pendant l'expiration, ne livrent plus un libre passage au sang qui les parcourt, et qu'ainsi considérée, la respiration exerce une influence mécanique sur la circulation pulmonaire. Goodwin, considérant qu'une quantité d'air assez grande demeure constamment dans les poumons, même après les expirations les plus complètes, croit devoir en conclure que les vaisseaux pulmonaires n'éprouvent jamais de plicatures, et que la respiration ne peut exercer d'influence directe sur la circulation du sang. Bichat, qui réunit au plus haut degré tout ce qu'ont de brillant et de solide l'imagination et le jugement, mais qui trop souvent dépasse les bornes du faux et du vrai, Bichat va plus loin que Goodwin. Non-seulement, dit-il, le poumon contient toujours assez d'air pour empêcher les plicatures de ses vaisseaux; mais, je dis plus : lors même qu'il ne contiendrait pas d'air, lors même que les vaisseaux pulmonaires seraient repliés sur eux-mêmes, la circulation n'en éprouverait aucun obstacle : et, pour démontrer la vérité de ce qu'il avance, Bichat fait une de ces expériences qui, à force de trop prouver, ne prouvent rien, si ce n'est le désir qu'ont leurs auteurs de commander à la nature. Il aspire tout l'air contenu dans les poumons d'un chien, à l'aide d'une ouverture faite à la trachée-artère; et comme il n'observe aucun changement dans la circulation de cet animal, il en conclut que les flexuosités des vaisseaux n'apportent aucun obstacle au cours du sang, que la respiration n'exerce aucune influence sur les phénomènes circulatoires.

Mais, si l'on consulte la nature sur la valeur respective de ces opinions, si l'on se rend fidèle observateur des phénomènes qu'elle détermine, on se convaincra peut-être qu'elle n'a été consultée ni pour l'une ni pour l'autre. On verra la face rougir sensiblement et d'une manière subite, dans la toux, dans les cris, dans le rire et les efforts divers. Or quelle peut être la cause de cette coloration?

Serait-ce les replis des vaisseaux? Mais, outre les argumens de Goodwin et de Bichat, pourrait-on concevoir l'existence de ces plicatures, lorsque les poumons sont remplis par une grande quantité d'air introduite pendant l'inspiration qui a précédé l'effort?

Serait-elle due, comme le croit Bichat, à l'expression du sang contenu dans les muscles qui se contractent à l'occasion des efforts? Mais cette rougeur est très-prononcée dans les cris et les diverses expulsions, circonstances où les muscles de l'abdomen et de la glotte sont les seuls contractés.

Elle ne dépend pas davantage du défaut de

renouvellement de l'air, puisqu'elle est subite et accompagnée du gonflement des veines et des petits vaisseaux ; puisqu'elle est toujours proportionnelle à l'effort, et non à la quantité d'air contenue dans les poumons ni au temps pendant lequel on s'abstient d'inspirer; puisque enfin elle diminue quand l'effort cesse, lors même qu'on rejetterait tout l'air renfermé dans les bronches sans en inspirer de nouveau ; lors même qu'on respirerait le même air reçu dans une vessie à deux ou trois reprises différentes ; dernière expérience que j'ai faite et répétée plusieurs fois.

Il est donc certain que Goodwin et Bichat n'ont point connu l'influence de la respiration sur la circulation du sang, ou que s'ils ont entrevu cette influence, ils en ont entièrement méconnu les causes. La raison en est qu'ils ignoraient les fonctions et les connexions des organes respirateurs. Mais à présent que ces connexions nous sont familières ; que l'occlusion de la glotte, l'état passif du diaphragme et la compression des poumons pendant les efforts nous sont démontrés par des faits nombreux et irrécusables , les troubles de la circulation pulmonaire n'ont plus rien qui doive nous surprendre ; ils sont aussi simples que naturels.

Or ce sont les vaisseaux sanguins qui doivent exclusivement ressentir les effets de la compression des poumons, puisque ces vaisseaux se trouvent pressés entre deux forces opposées : à l'extérieur, par les muscles abdominaux, qui rétrécissent la poitrine en agissant sur les côtes et sur le diaphragme ; à l'intérieur, par l'air incarcéré dans les divisions des bronches, lequel résiste à la pression et l'exerce même à son tour, en vertu de son élasticité.

Ainsi comprimés, les vaisseaux des poumons ne peuvent plus recevoir ni contenir la même quantité de sang ; la circulation qui s'y opère est troublée ; et comme ces vaisseaux forment la fin du système veineux et le commencement du système artériel, il s'ensuit que les effets de la compression se font sentir à la fois sur la circulation artérielle et sur la circulation veineuse.

I. *Déterminer l'influence de la compression des poumons sur la circulation veineuse.*

La compression des divisions de l'artère pulmonaire met obstacle à la circulation de cette artère. Le sang veineux stagne dans son intérieur, et consécutivement dans les cavités droites du cœur, dans l'une et l'autre veines-caves, et dans les veines secondaires qui, de toutes les parties du corps, viennent aboutir dans ces derniers vaisseaux. Dès que la première colonne se ralentit, toutes les colonnes qui la suivent doivent nécessairement se ralentir aussi.

Au reste, voici les preuves et les effets de cette compression des vaisseaux veineux des poumons :

1°. Dans les divers efforts d'expulsion, dans l'action de pousser et de soulever des fardeaux, dans la toux, les cris et le rire, on voit distinctement les veines frontales et jugulaires se gonfler et se distendre. C'est à cette stase du sang veineux, ordinairement mis en mouvement par les contractions de l'oreillette droite du cœur, que l'on a donné le nom de *pouls veineux;* phénomène qui a toujours paru si extraordinaire, que Bichat admettait pour l'expliquer, la contraction du cœur en sens inverse.

2°. Ce fut sur un malade affecté de fluxion

de poitrine, que j'observai pour la première fois, et d'une manière frappante, l'influence de la respiration sur la circulation veineuse. Le médecin avait prescrit plusieurs saignées : je les vis pratiquer. Je remarquai, après la section de la veine, que le jet de sang augmentait à chaque effort de toux que faisait le malade..... J'ai répété plusieurs fois cette observation sur d'autres personnes ; je l'ai variée sur moi-même : j'ai toujours obtenu les mêmes résultats.

On venait d'apporter à l'hôpital de la Charité, un malade qu'une attaque d'apoplexie avait privé de sa connaissance : on le saigna. Vers le milieu de la saignée, il eut plusieurs vomissemens, et je vis le jet de sang veineux augmenter à chaque effort d'une manière plus sensible encore que je ne l'avais observé dans les quintes de toux.

3°. Les veines-caves se distendent pendant les efforts, les cris, etc. J'ai vu la veine-cave supérieure se dilater après l'avoir mise à découvert, toutes les fois que le chien, sujet de l'expérience, jetait des cris aigus.

Je n'ai pu m'assurer du même fait pour la veine-cave inférieure, puisqu'on ne peut la découvrir sans détruire les principaux agens de l'effort et de la dilatation des veines. Mais l'analogie est tellement immédiate ici, qu'on peut l'employer sans scrupule. D'ailleurs, n'a-t-on pas observé pendant les efforts des ruptures de l'une ou de l'autre veines-caves? Bichat, M. Portal et beaucoup d'autres en rapportent des exemples : un journal de 1818 en contient un très-curieux : Un homme avait dans le larynx un corps étranger qui le faisait violemment souffrir, et dont il cherchait à se débarrasser au moyen d'une toux vive et continuelle. Il mourut subitement dans un de ces efforts : on trouva les deux veines-caves rompues. (1)

4°. J'ai découvert le cerveau d'un chien, en détruisant à l'aide du trépan une partie des os du crâne. La dure-mère était à nu ; je pouvais apprécier les mouvemens de totalité du cerveau et l'état du sinus-veineux : eh bien! j'ai toujours vu le cerveau s'élever, et le sinus longitudinal se distendre, à chaque cri que les douleurs vives de l'opération arrachaient

---

(1) Journal complémentaire, rédigé par le docteur JOURDAN.

àl'animal. Dans les momens de calme qui séparaient les cris, le cerveau ne présentait plus que de faibles mouvemens artériels.

Aussitôt que l'on a enlevé la dure-mère, le cerveau ne présente plus que de simples pulsations, que lui communiquent les artères placées à sa base : à chaque cri ou à chaque effort, le sang coule avec plus de force du sinus longitudinal divisé. Mais, au contraire, la dure-mère est-elle restée intacte, tous les sinus veineux se distendent, et toute la masse encéphalique s'élève à la fois. C'est pour n'avoir pas tenu compte de ces circonstances, qu'il existe tant de contradictions à ce sujet.

J'ai tenté l'expérience suivante pour m'assurer que les mouvemens du cerveau et la réplétion des sinus veineux résultaient de la compression des poumons : j'ai fait une large ouverture à la trachée-artère. Une canule a été introduite et fixée dans cette ouverture. J'ai ensuite fait irriter l'animal ; il a fait de vains efforts pour crier : l'air obéissait sans peine à l'impulsion des muscles abdominaux, et le cerveau n'éprouvait plus de mouvemens d'ascension, et les sinus veineux n'offraient plus de réplétion extraordinaire. La canule était-elle bouchée, les cris recommençaient aussitôt, et les mouvemens du cerveau redevenaient sensibles comme auparavant.

J'ai fait la même expérience par rapport au vomissement; j'en ai obtenu des résultats semblables.

Concluons de ces différens faits que *les efforts déterminent la stagnation du sang veineux*. Mais cette stase a-t-elle lieu dans les veines inférieures comme dans les supérieures? audelà des valvules comme en-deçà? Le raisonnement le plus rigoureux admettrait la possibilité de ces résultats : j'ai recouru aux expériences pour en constater la réalité.

J'ai ouvert la veine superficielle de la cuisse d'un chien ; le sang a coulé. L'animal a jeté quelques cris, et le jet de sang veineux s'est sensiblement accru.

J'ai fait une très-légère ouverture au ventre du même animal ; j'ai tiré à l'extérieur une circonvolution d'intestin grêle ; j'ai ouvert une des plus grosses veines du mésentère, et le sang a coulé : plusieurs cris de l'animal ont rendu l'écoulement plus rapide. La première expérience répond à la question, quant à l'influence des valvules sur la stagnation du sang veineux ; et toutes deux la résolvent, quant à la stase du sang dans les veines inférieures.

Si vous concentrez tous les faits précédens, vous verrez que la compression des poumons fait stagner le sang dans toutes les veines du corps : dans celles de la tête comme dans celles de l'abdomen, dans celles du bras comme dans celles de la cuisse. Le foie, qui représente, pour ainsi dire, une très-grande valvule du système veineux abdominal, n'apporte pas plus d'obstacles à cette stagnation du sang, que les plus simples valvules des veines superficielles des membres.

Il serait facile à présent de répondre aux questions suivantes :

Quel est l'effet des efforts sur les poumons et sur la circulation veineuse ?

Pourquoi les sinus veineux se remplissent-ils, et pourquoi le cerveau s'élève-t-il dans les cris et les efforts ?

Pourquoi survient-il des coups de sang et même des attaques d'apoplexie, dans les éclats de voix et pendant les efforts ?

Pourquoi des quintes de toux, des efforts de vomissement ou des cris, ont-ils quelquefois déterminé le décollement du placenta, causé l'avortement, produit des hémorrhagies, ou augmenté celles qui existaient déjà?

Voilà pour la circulation veineuse; je passe à la circulation artérielle.

II. *Déterminer l'influence de la compression des poumons sur la circulation artérielle.*

La compression qu'éprouvent les poumons se fait sentir sur les vaisseaux à sang rouge aussi-bien que sur les vaisseaux à sang noir; sur les radicules des veines pulmonaires comme sur les divisions de l'artère du même nom. Or, voici ce qui résulte de cette compression des vaisseaux à sang rouge des poumons :

Dans le premier instant, plus de sang afflue vers les cavités gauches du cœur, qui pour cela redoublent d'activité. Mais si l'effort persiste, le sang des cavités gauches du cœur et des artères diminue, à proportion que celui des cavités droites et des veines augmente. Les faits suivans le démontrent :

1°. J'ai souvent tâté le pouls de personnes affectées de coqueluche, d'asthme, ou même de catarrhes pulmonaires : chaque fois qu'il survenait de fortes quintes de toux, je sentais plus de force et plus de *fréquence* dans les battemens de l'artère; en même temps la face était plus colorée : voilà pour le premier stade. Si la quinte continuait, le pouls devenait petit, *irrégulier*, quelquefois même à peine sensible, et la face violacée. Enfin, la quinte diminuait et cessait, et le pouls et la face reprenaient, l'un, sa fréquence et sa force; l'autre, sa couleur habituelle.

J'ai fait des observations semblables dans les grands efforts de l'accouchement et du vomissement : dans tous ces cas, le trouble survenu dans les battemens des artères coïncidait toujours avec les changemens de couleur de la face; et il en devait être ainsi, puisque ces deux phénomènes prennent leur source dans la même compression des poumons.

2°. On voit quelquefois des anévrismes de l'aorte se rompre pendant la toux, les cris, le vomissement, les diverses expulsions, etc. On a vu un cas de ce genre, l'an dernier (1818), à l'hôpital de la Charité. Le malade faisait effort pour se lever sur son séant et pour ôter ses vêtemens, afin qu'on pût l'examiner plus à l'aise. Il ouvrait la bouche pour demander s'il guérirait bientôt : il tomba baigné dans son sang en présence du médecin et des élèves. Il vomissait et aspirait alternativement un sang rouge et écumeux : tous ses muscles se roidissaient contre la mort : l'amour de la vie, le désespoir de la quitter se peignaient dans ses yeux mourans..... L'aorte s'était ouverte dans les bronches.

Un autre malade, qui avait été opéré d'une hydrocèle par un chirurgien célèbre, « mourut subitement le lendemain de l'opération, étant à la garde-robe. On ne savait à quelle cause attribuer une mort si prompte : le cadavre fut ouvert, et l'on trouva l'aorte rupturée. » (*Journal de* Corvisart, etc.)

3°. J'ai observé, dans les expériences sur les animaux, que le sang des artères coulait avec plus de force pendant les cris. On observe le même phénomène pendant les opérations chirurgicales ; mais il est plus manifeste dans les amputations que dans aucune autre. La toux, les cris et les différens efforts d'expulsion, ont souvent renouvelé des hémorrhagies arrêtées.

La compression des poumons déterminée pendant les efforts, exerce donc une influence très-marquée sur la circulation veineuse et sur l'artérielle. Elle fait refluer le sang vers les cavités droites du cœur et les veines; tandis qu'elle le fait d'abord affluer plus rapidement vers les cavités gauches, et circuler avec plus de vitesse dans les artères. Elle peut ainsi dilater les cavités droites du cœur; elle ne peut qu'accélérer les battemens des cavités gauches. Plus l'effort est de longue durée, et plus la stase veineuse est considérable; plus, dans le même cas, la circulation artérielle éprouve d'obstacles et languit. C'est dans des efforts réitérés que les veines se déchirent; c'est au contraire dans le premier instant de ces efforts que se rupturent les anévrismes.

Doit-on s'étonner d'après cela si les cavités droites du cœur sont plus grandes que les cavités gauches? si cette différence, d'abord nulle chez les enfans, augmente ensuite dans la proportion des années? si elle est plus prononcée chez ceux qui ont l'habitude d'exécuter des efforts? si elle devient assez considérable quelquefois pour déranger l'harmonie des fonctions du cœur, pour déterminer une affection anévrismale?

J'ai montré que les troubles de la circulation veineuse et de la circulation artérielle avaient la même origine : je vais dire comment ils se combinent pour produire des effets communs.

III. *Déterminer l'influence de la compression des poumons ou des efforts sur la circulation capillaire.*

Les capillaires pulmonaires, tant artériels que veineux, sont, avons-nous vu, comprimés dans les efforts. Les effets de cette compression se concentrent, pour ainsi dire, dans le système capillaire de tous les organes, là où l'extrémité des artères s'unit à l'origine des veines. Le cours accéléré du sang artériel et la stase du sang veineux concourent à engorger tous les organes, à dilater leurs plus petits vaisseaux, à colorer les surfaces, quelquefois même à déterminer les hémorrhagies.

J'ai connu un homme affecté de scorbut qui saignait des gencives chaque fois qu'il faisait des efforts d'expulsion. J'avais cru d'abord que ce saignement résultait de la rencontre et de la forte pression des dents pendant les efforts : je les lui fis répéter devant moi, les mâchoires étant écartées; le saignement persista..... Un autre malade avait des épistaxis toutes les fois qu'il éprouvait de fortes quintes de toux.

Tous les vaisseaux capillaires se trouvent donc engorgés dans les efforts. La rougeur, signe essentiel de cet engorgement, est bien plus prononcée à la face que partout ailleurs; parce que les vaisseaux y sont plus nombreux, et la peau plus fine et plus délicate. Or, comme c'est au même lieu que viennent se peindre les troubles de la circulation, effets instantanés des passions, il s'ensuit que la rougeur de la face n'est point un indice plus certain de ces dernières que les mouvemens des traits ou l'expression des yeux; que l'un de ces signes peut être simulé aussi-bien que les autres; puisque la coloration mécanique, qui imite parfaitement la coloration vitale, peut toujours être volontairement produite. (1)

Bichat, trop fidèle à sa distinction des *deux vies*, a nié que la rougeur de la face pût être produite à volonté, et il l'a considérée comme

(1) La pâleur de la face ne peut pas être, comme la rougeur, déterminée à volonté : aussi les passions que le premier de ces signes accompagne, sont-elles les plus difficiles à exprimer, à moins qu'on ne les éprouve véritablement.

le véritable signe des passions, comme celui qu'on ne pouvait jamais simuler : mais Bichat s'est évidemment mépris. (1)

Les passions violentes, qui arrachent des cris à ceux qu'elles agitent, la colère, la fureur, sont, sous ce rapport, plus faciles à simuler que des émotions plus douces, telles que la pudeur et la surprise. L'acteur tragique peut rendre avec vérité les fureurs d'Oreste, les emportemens d'Achille, les nobles élans de Rodrigue et de Zamore. Non-seulement il peint la passion qui le possède de la voix et du gèste, des mouvemens des yeux et de l'agitation des traits ; mais les cris qu'il pousse nécessitent la compression des poumons et déterminent la rougeur subite de la face, véritable complément de tous les moyens d'expression.

Il est plus difficile de simuler, quant à la coloration de la face, la colère concentrée et toutes les passions muettes : on y pourrait parvenir cependant, si, la glotte étant fermée, l'on contractait avec force les muscles abdominaux.

Il est un autre effet qui résulte de la stase

---

(1) *Anatomie descriptive*, t. II, p. 19, etc.

du sang veineux dans l'intérieur du crâne : on éprouve souvent des étourdissemens et des pesanteurs de tête après la toux et les cris, et pendant les différens efforts : on est réellement alors moins sensible aux douleurs. Or, les cris et les sanglots par lesquels on exprime ces dernières, produisent toujours le même résultat : d'où il suit que la nature a placé dans l'expression même des douleurs, les moyens d'en émousser les traits.

Mais ce n'est pas seulement dans les efforts et dans les expirations entravées, que la respiration exerce beaucoup d'influence sur la circulation veineuse et artérielle; on peut encore observer cette influence dans la respiration ordinaire.

IV. *Déterminer l'influence des phénomènes mécaniques de la respiration sur la circulation, dans les cas les plus ordinaires.*

1°. J'ai remarqué, lorsque j'ai eu des saignemens de nez, que l'écoulement était plus fort pendant l'expiration que pendant l'inspiration ; quoique je prisse soin de respirer par la bouche, afin d'éviter l'impulsion de l'air sur le sang déjà sorti de ses vaisseaux. J'ai observé en outre, que, s'il s'écoulait de dix à douze gouttes de sang dans l'espace d'une demi-minute (durant laquelle je continuais la même inspiration), il s'en écoulait de quinze à seize, au contraire, pendant l'expiration que je prolongeais durant le même temps. Pour augmenter l'écoulement, il me suffisait de crier ou de tousser. Enfin, je suis quelquefois parvenu à arrêter une épistaxis peu considérable, en faisant de longues et de fréquentes inspirations.

2°. On observe souvent (surtout chez des personnes maigres et âgées), que les veines jugulaires restent gonflées pendant l'expiration, et que ce gonflement est toujours proportionné à la durée de celle-ci. Haller a plusieurs fois répété cette observation, que Fontenelle a consignée dans l'Histoire de l'Académie des Sciences, pour 1753.

En 1818, il y avait à l'hôpital de la Charité, un malade que je remarquai avec plusieurs médecins, et particulièrement avec M. Chomel. Cet homme, âgé de quarante ans, avait la respiration pénible. Tout son corps était infiltré. Sa physionomie exprimait l'anxiété la plus vive; ses yeux étaient saillans; *ses veines jugu-*

laires se dilataient pendant l'expiration et quand il se levait sur son séant. Parlait-il, la dilatation continuait jusqu'à la fin de sa phrase : elle cessait au contraire quand il reprenait sa respiration.

Les faits de ce genre sont assez nombreux pour qu'il soit facile de les multiplier : mais il suffit de ceux que je viens de citer pour établir qu'indépendamment de ses phénomènes chimiques, la respiration exerce encore une influence mécanique sur la circulation du sang.

L'inspiration agrandit le champ de la circulation des poumons; elle appelle plus de sang dans les vaisseaux pulmonaires : c'est en quelque sorte une *diastole* passive. L'expiration, au contraire, a pour effet de resserrer ces vaisseaux, de faire stagner le sang veineux, d'accélérer le cours du sang artériel vers les cavités gauches : c'est une espèce de *systole*. Ainsi, les deux stades de la respiration sont les auxiliaires des mouvemens du cœur : l'inspiration prépare l'action du ventricule droit; l'expiration favorise celle des vaisseaux capillaires.

Cependant, ces effets sont bien faibles et

bien peu prononcés en comparaison de ceux que produisent les grands efforts; puisque nous avons vu ces derniers, aidés de l'action combinée des muscles de l'abdomen et de la glotte, troubler les principales fonctions, causer de graves accidens, et même déterminer la mort d'une manière subite.

Soit immédiatement:

1°. Par double asphyxie, en rupturant le diaphragme ;

2°. Par suffocation, lorsqu'une vomique se rompt;

Soit médiatement, au moyen de la compression des poumons:

3°. Par rupture d'un anévrisme de l'aorte;

4°. Par rupture des veines-caves;

5°. Par compression veineuse du cerveau (par un coup de sang), ou par épanchement sanguin dans ce viscère, c'est-à-dire par une véritable apoplexie.

Mais cette action pourrait-elle être portée assez loin pour déterminer la mort, indépendamment des accidens insolites que je viens d'énumérer? Ce n'est que par des expériences, qu'on peut essayer de résoudre un tel problème.

V. *Déterminer si l'on peut se donner volontairement la mort par la seule action des organes.*

Pour ne point rappeler l'histoire de la dent d'or, et pour éviter de chercher les causes d'effets non constatés ou même impossibles, j'ai voulu m'assurer que ce genre de mort avait quelquefois été observé, et j'en ai trouvé des exemples dans l'Histoire ancienne.

On crut d'abord, et l'on crut long-temps, que l'on pouvait, en avalant sa langue, se donner volontairement la mort par strangulation; mais on sait apprécier depuis bien des années tout ce qu'a d'absurde une pareille opinion. Bichat pensait que le contact de l'air avec le cerveau pouvait déterminer la mort, et que c'était toujours ainsi qu'elle arrivait dans les efforts : mais le sage Nysten a fait justice de cette erreur.

Aujourd'hui, la plupart des physiologistes admettent que l'on peut se donner la mort par asphyxie, en s'opposant par la seule action des organes, à l'introduction de l'air dans les poumons ou bien au renouvellement de ce fluide. Voici, pour m'éclairer à ce sujet, les expériences que j'ai tentées :

Première expérience. — J'ai fait une expiration profonde ; j'ai ensuite fait tous mes efforts pour résister au besoin d'inspirer. Au bout de trente secondes environ, ce besoin se faisait déjà vivement sentir. Après cinquante secondes, il est devenu irrésistible : enfin l'instinct l'a emporté sur la volonté, et malgré moi plusieurs inspirations se sont rapidement succédées.

Deuxième expérience. — J'ai fermé la glotte après une inspiration légère et sans contracter les muscles abdominaux : je me suis ainsi opposé à la sortie de l'air inspiré et à l'introduction d'une nouvelle quantité de ce fluide. Au bout d'une minute, l'anxiété était extrême ; peu après la glotte s'est ouverte malgré moi, l'air renfermé dans les poumons s'est évacué, et de nouvelles inspirations se sont opérées.

De ces expériences il faut conclure, que le besoin de respirer, le plus vif comme le premier de tous, ne peut jamais être maîtrisé, et que l'asphyxie volontaire est absolument impossible. Bien plus, lors même que cette asphyxie pourrait être produite, elle n'aurait point la mort pour résultat : car, à l'instant où l'asphyxie commence, tous les muscles se relâchent, la glotte s'entr'ouvre, l'air sort, le diaphragme, le plus indépendant des muscles, celui de tous qui conserve le plus long-temps la faculté d'agir, se contracte aussitôt, et par cela même l'asphyxie a cessé d'exister.

Comment donc la mort volontaire peut-elle être produite?

TROISIÈME EXPÉRIENCE. — J'ai fait une grande inspiration, fermé exactement la glotte, contracté les muscles abdominaux; en un mot, j'ai exécuté un véritable effort. Je l'ai porté peu à peu et dans l'espace de quelques secondes à un très-haut degré. J'évitais avec soin les contractions par saccades, qui auraient pu déterminer des accidens. J'avais placé près de moi un de mes amis qui m'observait attentivement, et qui devait m'arrêter quand il le jugerait nécessaire. Au bout de six secondes, la face était rouge et gonflée. A douze secondes, j'ai éprouvé de légers étourdissemens; à quinze, les étourdissemens ont augmenté: la face était violacée, je ne voyais les objets qu'entourés d'un léger nuage; je n'entendais que confusément les paroles qui m'étaient adressées. On m'a fortement comprimé la peau pour me faire cesser l'effort: je sentais à peine la douleur. J'allais perdre tout-à-fait connaissance, lorsqu'enfin j'ai cessé.

Qu'arriverait-il donc si l'effort était porté à un plus haut degré chez une personne forte ? Ne parviendrait-il pas à déterminer la mort, et n'est-ce pas ainsi qu'on a pu dans quelques cas se la donner volontairement? Ce genre d'effort n'a-t-il pas pour résultat de paralyser les trois principaux organes par la stase du sang veineux dans leur intérieur; de mettre obstacle à ces actions importantes qu'ils exercent réciproquement les uns sur les autres, et d'où résulte la vie ? Enfin, ne serait-ce pas à la fois par apoplexie, par asphyxie et par syncope que cette mort serait produite ?

Il est à regretter que cette expérience ne soit pas du nombre de celles qu'il est permis d'achever, et de répéter un grand nombre de fois en les modifiant de diverses manières : mais voici un fait tiré de l'Histoire romaine, qui équivaut presque à une de ces expériences.....

« Au commencement de l'administration des triumvirs, il parut un grand nombre de prodiges que l'on regarda comme les signes certains de malheurs publics. Le sénat, effrayé de ces prodiges, eut recours aux aruspices de l'Étrurie, qui passaient pour être les plus versés dans l'art de prédire l'avenir. Celui de ces devins qui avait la prééminence, déclara qu'enfin les temps fixés par les dieux pour la perte de la liberté étaient arrivés : *Les Romains*, s'écria-t-il, *seront forcés d'obéir aux lois d'un maître absolu. Moi seul, je saurai me garantir de la servitude......* En même temps il *retint son haleine* avec tant d'obstination, qu'il mourut sur-le-champ. » (1)

Que conclure de tous ces faits?

Que les phénomènes expiratoires, mais surtout les efforts, exercent une grande influence sur la circulation veineuse, artérielle et capillaire.

Que cette influence est à la vérité plus faible dans les expirations ordinaires, mais que néanmoins elle y est bien manifeste.

Qu'il est impossible de s'asphyxier volontairement par la seule action des organes; mais qu'un autre genre de mort volontaire pourrait être produit par l'action forte et persistante des puissances expiratrices.

---

(1) Hist. romaine, par les RR. PP. Catrou et Rouillé. — Je ne prétends point trouver dans ce fait historique une preuve convaincante et irrécusable de l'objet en question ; mais il me semble que les expériences et les considérations précédentes lui communiquent une assez grande importance.

DE L'IMPRIMERIE DE CRAPELET.

ERRATA.

Page 4, ligne 2 : *et servir ainsi à simuler, etc.*, lisez *et simuler ainsi, etc.*

Page 17, ligne 13, 11°., lisez 10°.

Page 34, ligne 25, *Anat. comp.*, *t. VI*, lisez *t. IV*.

Page 64, ligne 20 : *C'est à cette stase du sang veineux, etc.*, transportez cette phrase et le reste de l'alinéa à la page 78, ligne 19.

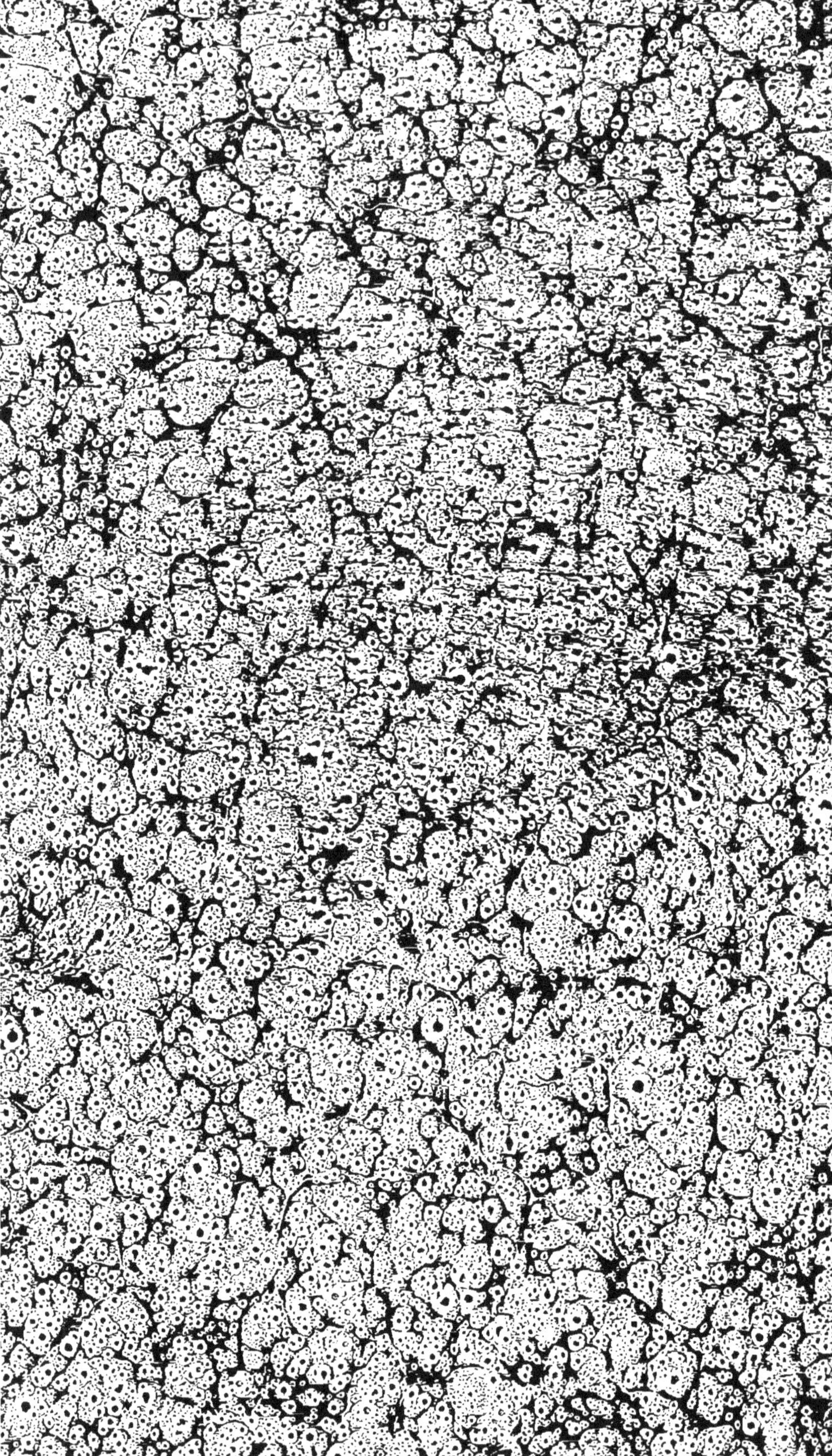

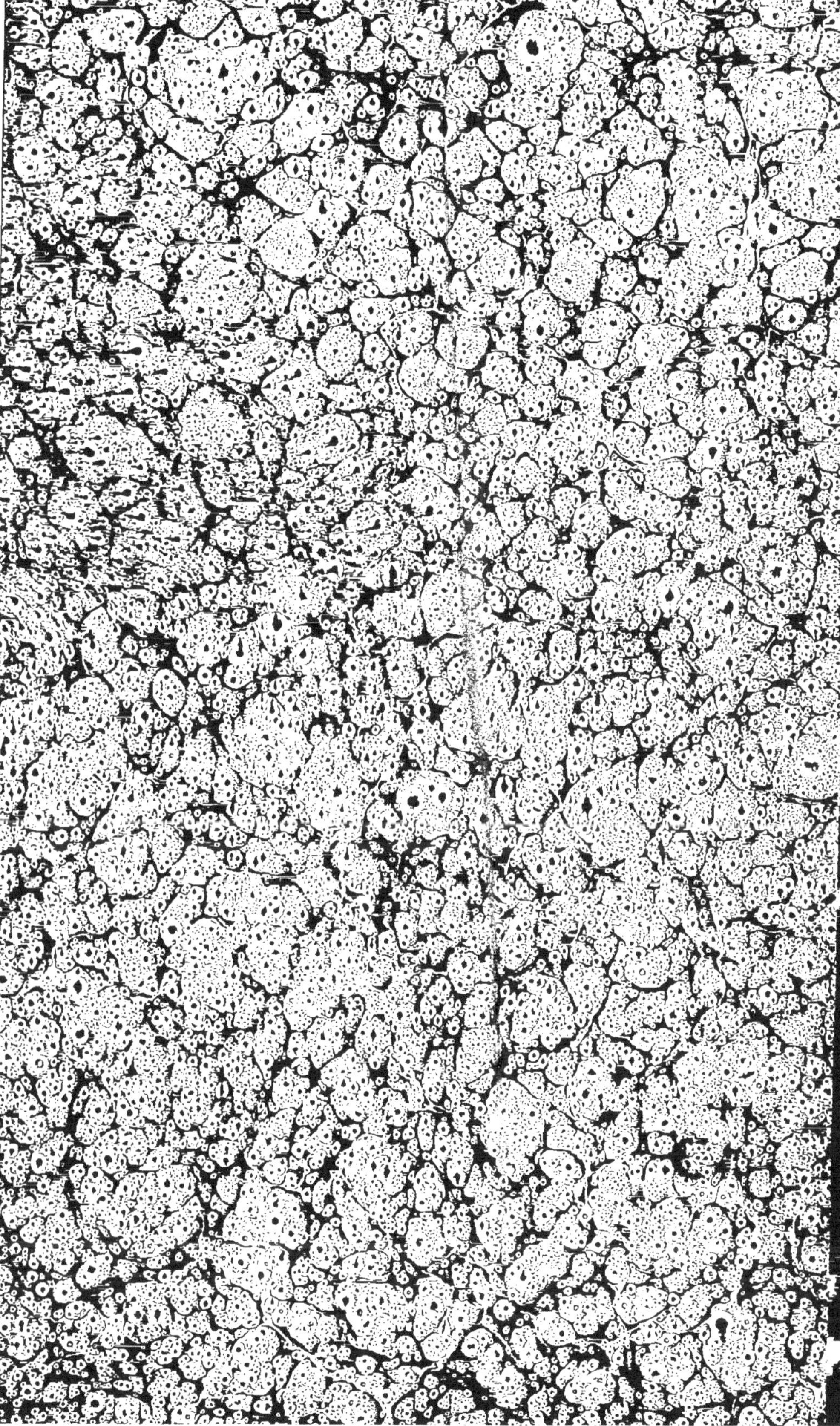

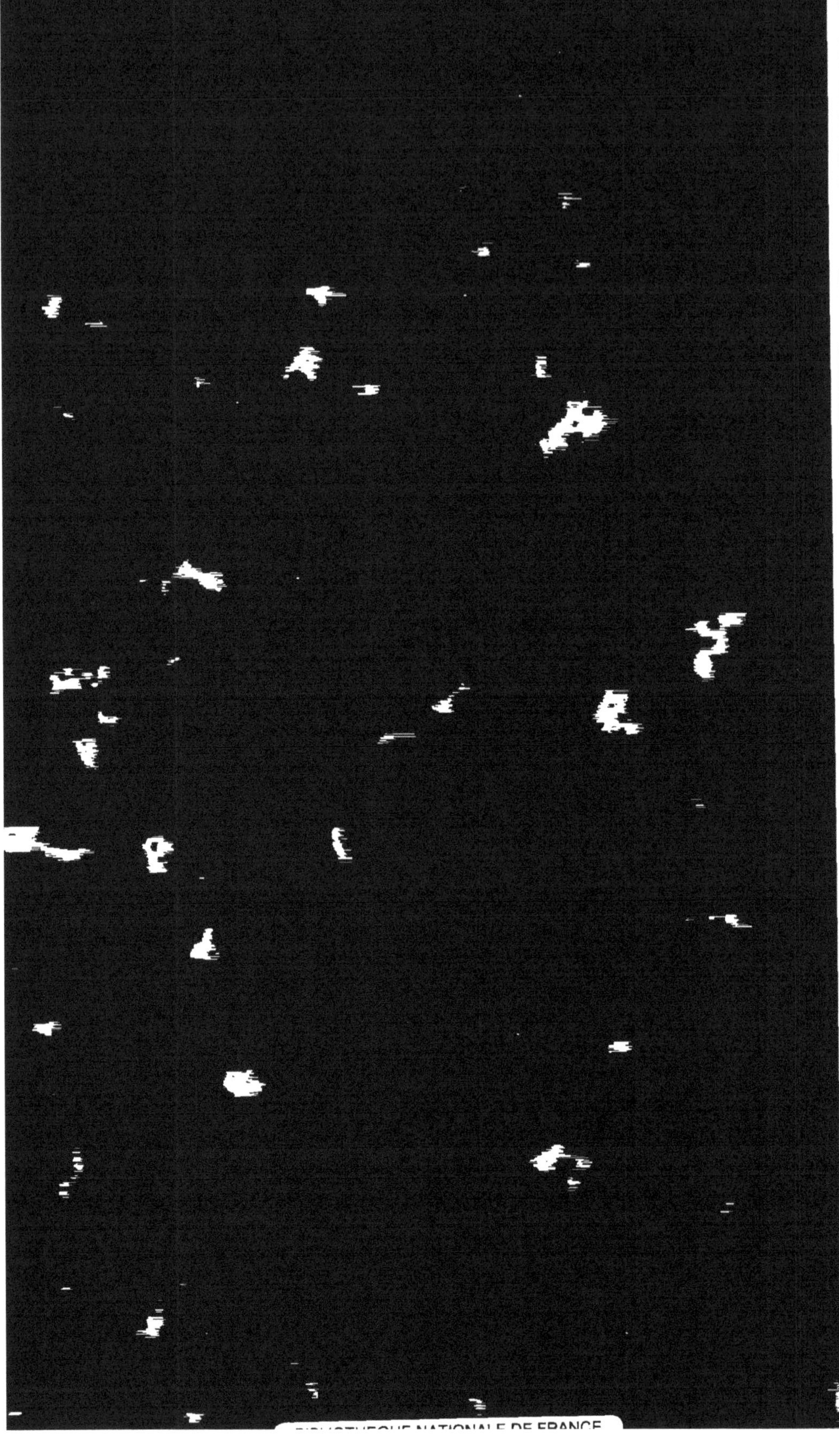

www.ingramcontent.com/pod-product-compliance
Ingram Content Group UK Ltd.
Pitfield, Milton Keynes, MK11 3LW, UK
UKHW021619260726
13965UKWH00007B/1199

9 782012 971301